Facing today's crisis, Koreans
will cut new, creative pathways
to TOMORROW!

지금은 힘든 시기를 보내고 있지만, 한국인은 미래로 가는 새롭고 창의적인 방법을
찾아낼 거라고 믿습니다.

2009년 1월 8일

앨빈 토플러

_____ 님께

_____ 드림

한국능률협회 주최 초청 세미나에서

오늘 우리가 살고 있는 세계는 어제와는 다른 세계입니다. 그렇기 때문에 다양한 문제
들을 어떻게 해결할지 고민할 때는 과거와는 다른 해법을 가지고 해결해야 합니다.

서울 보성고등학교 학생들과 함께한 토플러 박사

중요한 것은 상상력입니다. 직업이나 회사의 지금 모습만 보지 말고 그 회사의 50년 후의 모습을 상상하고, 자신의 미래 모습을 상상하는 등 항상 미래의 모습을 상상하세요.

'독자와의 만남'을 위해 서점에 방문한 앨빈 토플러

국회를 방문한 앨빈 토플러

모든 분야에서 관료주의를 깨는 조직적인 변화가 있어야 합니다.

서강대 명예 경영학 박사 학위 수여식

앨빈 토플러 박사와 부인 하이디 토플러

1929년 경제대공황이 있었습니다. 이것과 지금의 경제위기가 얼마나 닮았는지에 대해서 자꾸 이야기하고 있습니다.

하이디 박사와 저는 그런 주장들이 조금은 왜곡되고 잘못된 생각이라고 봅니다. 왜냐하면 사실 오늘날의 경제위기는 예전에 존재했던 그런 경제위기와는 사뭇 상관관계가 적기 때문입니다. 더 이상 지금의 경제가 이전과 동일하지 않다는 사실을 주목해야 합니다!

앨빈 토플러

불황을 넘어서

− 어제, 오늘 그리고 내일 −

BEYOND DEPRESSION : Yesterday, Today, and Tomorrow
by Alvin and Heidi Toffler

앨빈 토플러 BEYOND DEPRESSION

불황을 넘어서

앨빈 토플러, 하이디 토플러 지음 | 현대경제연구원 감수 | 김원호 옮김

청림출판

오늘의 경제위기를 진단하다!

　2009년 지금, 전 세계를 휩쓸고 있는 경제적 재앙의 본질을 이해하기 위해 정치인, 경제학자, 시장분석가, 일반 시민들은 과거의 역사와 경험을 되돌아보며 지금과 유사한 사건들을 찾아보고 있다.

　그 결과 사람들은 과거에 있었던 몇 차례의 경제 대공황(Great Depression)을 통해 오늘날의 경제위기를 이해하려 하고, 각국 정부는 그 당시 경제문제를 해결하는 데 활용되었던 방식들을 속속 도입하고 있다.

　〈뉴욕 타임스〉는 "역사적인 경제적 파국을 맞은 상황에서 우리는 버락 오바마(Barack Obama)와 그의 측근들이 행하고 있는 방식을 따라야 한다. 그리고 지난 1930년대의 대공황에 대해 배워야 한다"고 주장한 바 있다.

　영국의 〈타임스〉는 "1930년대 대공황의 망령이 미국을 배회하고 있다"는 제목의 기사를 내보냈고, 이에 뒤질세라 IMF의 수석 이코노미스트는 대공황의 재발을 경고했다.

　1930년대 대공황의 재발을 경고하는 목소리는 곳곳에서 나오고 있다. 사우디아라비아 프린스 술탄 대학의 크라시미르 페트로프 (Krassimir Petrov) 교수는 장문의 기고문을 통해 오늘날의 금융상황은 이 전보다 훨씬 더 불확실하기 때문에 1930년대 대공황보다 더 큰 파국으로 이어질 수 있다고 주장한다.

대공황이 다시 일어나지 않을까 하는 우려는 자연스럽게 1930년대 대공황을 종식시켰던 해법들의 추진으로 이어지고 있다. 예컨대 공적자금을 활용한 기업구제, 대규모 사회기반시설 프로젝트 등이 시행되고 있다. 그 규모는 1930년대보다 훨씬 더 커졌지만 형식은 유사하다. 이처럼 미국, 유럽, 아시아, 러시아 등지에서 과거의 해법을 가지고 해결하고자 하는 것은 "과거에도 통했으면 지금도 통할 것이다"라는 암묵적인 믿음이 있기 때문이다.

그런데 정말로 그럴까? 경제적 발전 정도, 인구, 노동자 수, 인구구성, 가족구조, 여성인력 활용도, 노령인구 비중, 보건의료 시스템 등 핵심 변수들이 모두 다 다른 각국에서 똑같은 해법을 추진한다고 경제문제의 해결이라는 똑같은 결과를 만들어낼까?

경제학자들은 지금의 상황을 1930년대 대공황에 빗대면서 당시의 해법이 지금의 문제를 해결해줄 수 있다고 말하지만, 어느 누구도 그때와 지금의 커다란 차이점 하나를 말하고 있지 않다.

그것은 바로 제2차 세계대전이다. 인류 역사상 가장 거대한 규모로 벌어졌고 가장 많은 피를 흘리게 했던 그 전쟁이 유발시킨 부의 재분배, 정부재정의 변화, 신기술, 새로운 정치체제 같은 변수에 대해서는 누구도 말하고 있지 않다.

사실 제2차 세계대전이 유발시킨 경제구조의 변화는 수렵과 채

집에서 농경으로의 변화, 혹은 산업혁명으로 인한 변화에 버금가는 어마어마한 것으로, 어쩌면 그로 인한 변화는 아직 진행 중인지도 모른다. 하지만 이러한 거대한 변화에도 불구하고 대다수 경제학자들은 여전히 세상을 '선진국'과 '후진국'으로 구분하고 있는 실정이다.

경제학자들은 인류 역사상 세 번째로 발생한 거대한 경제적 변화, 즉 인간의 지식에 경제적인 가치가 매겨지고 업무에 컴퓨터가 활용됨으로써 유발된 변화를 아직 경제용어로 체계화시키지 못하고 있다.

제3의 물결(the third wave)이라고도 불리는 이 세 번째 변화로 인해 비즈니스와 경제의 모든 분야가 변모했다. 일하는 방식, 일하는 장소, 일하는 사람 등 그야말로 모든 것이 달라진 것이다. 또한 이 세 번째 변화 이후 상품을 판매하는 측과 상품을 구매하는 측의 구분이 사라졌으며, 무엇보다 경제에서 금융이 차지하는 비중이 폭발적으로 증가하였다.

지식기반 사회로의 변화

생각해보라.

가난한 국가는 지금도 원시적인 수준의 농경에 머물러 있는 반면 몇몇 산업국가에서는 빠르게 지식산업으로의 구조변화를 진행하고 있다. 그런가 하면 중국은 농업에서 공업으로의 변화, 그리고 공업에서 지식산업으로의 변화, 이 두 가지 변화를 동시에 추진하고 있다.

최근 들어 미국에서는 급격하게 제조업 분야의 종사자 수가 줄어든 것처럼 인식되고 있지만 (미국의 제조업 분야 일자리가 중국이나 인도 등으로 많이 빠져나갔다는 인식이 일반적이다.) 사실 1956년 이후 미국에서 제조업 종사자 수가 전체 경제활동인구의 40퍼센트를 넘어선 적은 없다. 산업구조의 변화가 아주 오래 전부터 진행되어온 것이다.

물론 이러한 변화의 흐름이 지속되면서 2006년 미국의 제조업 종사자 수는 전체 경제활동인구의 24퍼센트 수준으로 줄어들어 있는 상태이다.

반면 이런저런 유형의 '지식 노동(knowledge work)'은 지난 50년 동안 꾸준히 증가해오고 있다. 만약 지식 노동의 일자리를 컴퓨터 활용이나 커뮤니케이션 관련 기술에 국한시키는 게 아니라 복잡한 기계의 조작이나 전문화된 정비 같이 다른 분야의 사람들이 쉽게 따라하기 어려운 일까지 확장한다면 지식 노동자 수는 우리가 생각하는 것보다 훨씬 더 많을 것이다.

미국, 한국 그리고 다른 여러 나라에서 나타나고 있는 이와 같은 직업구조의 변화는 제3의 물결로 표현되는 지식기반 사회의 거대한 변화의 일부분에 불과하다.

경제위기의 다섯가지 요인

지금 전 세계를 휩쓸고 있는 경제위기를 제대로 이해하고 올바른 해법을 찾기 위해서는 우선 21세기의 경제가 과거와 어떤 식으로 달라져 있는지를 알아야 한다. 나는 새로이 변화된 21세기 경제의 주된 특징을 다음과 같이 다섯 가지로 정리해보았다.

1. 진부해진 경제모델

본문에서도 지적하겠지만 오늘날의 경제현상 중에는 산업화시대의 경제모델로는 설명할 수 없는 것이 많다. 이렇게 된 이유는 여러 가지가 있지만, 무엇보다 경제활동에 있어 정량화하기 어려운 지식의 비중이 크게 증가했기 때문이다.

상황이 이렇게 변했음에도 불구하고 오늘날의 경제학자들은 여전히 산업화시대의 경제모델을 통해 지금의 경제위기에 대한 해법을 만들어내고 있으며, 정치인은 그러한 해법을 토대로 정책을 만들고 있다. 하지만 잘못된 해법은 문제를 더욱 악화시킬 뿐이다.

2. 지식의 역할 증대

제3의 물결로 인해 새로이 변화되는 경제의 가장 큰 특징 가운데 하나는 지식경제의 확장이다. 정량화하기 어려운 무형요소들이 경제에서 점점 더 중요한 의미를 갖게 된다.

경제는 유형요소와 무형요소로 구성되게 마련인데, 부의 창출에 있어 무형요소들이 점점 더 큰 역할을 맡고 있는 것이 오늘날의 상황이다. 이와 같은 변화를 유발시키는 요인은 매우 다양하게 나타난다. 컴퓨터 및 통신 관련기술의 발달, 공장자동화 비율의 증가, 정부와 기업의 재정운용에 있어 금융비중 증대 등의 요인을 들 수 있다.

3. 가속화와 탈동시화

제3의 물결 이후 경제와 사회가 움직이는 속도는 전례 없이 빨라지고 있다. 그 중에서도 가장 빠른 속도로 움직이고 있는 곳은 금융 부문이다. 말 그대로 눈 깜박할 사이에 엄청난 액수의 돈이 은행에서 은행으로, 국가에서 국가로 옮겨 다니고 있고, 금융회사들은 하루가 다르게 새롭고도 복잡한 금융상품을 만들어내고 있다.

증시도 예외가 아니다. 세계 각국은 주식을 거래할 수 있는 시간을 계속해서 늘려나가고 있고, 더 많은 양의 거래를 감당할 수 있도록 거래시스템을 개선하고 있으며, 주가지수는 순식간에 폭락했다가 순식간에 폭등하고 있다.

지금 이 순간에도 새로운 금융패키지는 꾸준히 만들어지고 있고, 그러한 금융패키지는 여러 금융회사로 팔려나가고 있다. 그렇게 팔려나간 금융패키지는 새로운 금융패키지로 분할되어 다시 전 세계 투자자에게로 팔리고 있다.

지금의 경제위기가 무엇 때문에 유발되었는지를 빤히 알고 있음에도 각국 정부는 여전히 금융회사들을 효과적으로 규제하고 있지 못하다. 첨단 컴퓨터기술과 통신기술, 수준 높은 법률지식으로 무장한 그들이 정부보다 더 빠른 속도로 움직이고 있기 때문이다.

민간 부문의 속도는 빛의 속도로 움직인다고 할 정도로 빨라지고 있는 반면 공공 부문의 속도는 제자리에 머물러 있고, 이 때문에 사회 곳곳에서는 탈동시화(de-synchronization) 현상이 발생하고 있다.

4. 증대되는 복잡성

오늘날 경제, 사회, 정치, 그 어떤 분야를 보더라도 복잡성의 증대로부터 자유로운 분야가 없을 정도이다. 금융, 제조, 법률, 과학, 의료, 네트워크 그리고 우리의 일상생활 등 그야말로 이 세상의 모든 것이 점점 더 복잡해지고 있고, 그 결과 우리는 각 분야의 '전문가(experts)'라는 사람들에 대한 의존도를 계속해서 높여가고 있다. 그런데 우리가 의존하고 있는 그 전문가조차 계속해서 높아지고 있는 복잡성 때문에 곤란을 겪고 있다.

금융분야를 생각해보라. 오늘날 금융회사가 만들어내고 있는 상품들 가운데 상당수는 너무나도 복잡한 나머지 그러한 금융상품을 설계하거나 판매하는 전문가조차 상품구조를 정확히 이해하고 있지 못하다. 그러니 그러한 상품에 대해 명확하게 설명하는 것도 불가능한 일이 된다.

미국에서 서브프라임 모기지 부실사태가 발생했을 때, 화가 난 금융투자자들은 자격이 없는 사람들에게 돈을 빌려주고 주택을 판매한 은행과 중개회사에 대해 비난을 퍼부어댔다. 분명 은행과 부동산 중개회사에게도 큰 잘못이 있다.

많은 이들은 서브프라임 모기지 부실사태의 원인을 개인과 기업의 탐욕에서 찾으려 했다. 하지만 문제의 원인은 그렇게 단순한 것이 아니다.

UCLA의 마이클 인트릴리게이터(Michael Intriligator) 교수에 의하면, 지금의 금융위기를 유발시킨 주요한 원인은 탐욕 외에도 여러 가지가 있다.

그는 기업 임원의 연봉을 주가에 연계시키는 정책이 임원들에게 기업의 장기적인 복지를 만들어내는 것이 아니라 단기적인 실적을 높이는 일에 치중하도록 만들었다고 지적한다. 그는 또 저마다의 임무를 소홀히 행한 금융관리당국과 회계사, 신용평가사에도 문제의 원인이 있고, 우후죽순격으로 생겨난 헤지펀드와 파생금융상품, 그리고 비합리적으로 복잡한 구조를 지닌 금융상품도 문제의 주된 원인이라고 말한다.

인트릴리게이터 교수가 지목한 금융위기의 원인을 종합해보면 가속화, 탈동시화, 경제구조의 변화 등으로 인해 금융시스템에 대한 통제력이 느슨해졌고, 그로 인해 오늘날과 같은 금융위기가 발생했다는 결론에 이를 수 있다.

5. 국경의 소멸

국경을 자유롭게 넘나드는 상업거래 역시 예전에는 없던 일이다. 오늘날 수많은 기업들은 물론이고 각국의 정부기관들마저 새로운 시장을 찾고, 새로운 협력대상을 찾고, 새로운 자원을 발굴하기 위해 국경을 허물고 있다.

영국의 워릭 대학은 1984년부터 각 국가들이 다른 국가와 경제적, 사회적, 정치적, 문화적으로 어느 정도 교류하는지를 분석하여 이를 '세계화 지수(globalization index)'라는 수치로 표시해오고 있다. 더 높은 세계화 지수를 얻은 국가일수록 다른 국가와 더 활발히 교류하고 있다는 것을 의미한다.

이와 같은 작업을 처음으로 행한 1984년에 세계화 지수 0.400을 초과한 국가는 여섯 개 국가에 불과한 것으로 나타났다(소비에트 연방의 러시아 공화국을 국가의 범주에 포함시키더라도 마찬가지이다). 이 여섯 개 국가의 인구수를 고려하면 전 세계 인구의 6.5퍼센트만이 세계화 지수 0.400을 넘는 국가에 속해 있는 셈이었다.

그런데 2004년에 이르러 세계화 지수 0.400을 넘는 국가는 33개에 달하는 것으로 나타났다. 이 33개 국가의 인구수는 33억 명, 비중으로 따지면 2004년 기준으로 전 세계 51퍼센트의 사람들이 '상당히 국제화되어 있는' 국가에서 살고 있는 셈이다.

지금 기업과 각국 정부는 경제활동의 범위를 계속해서 확장해나가려 하는데, 이 때문에 예전 같았으면 일정 지역 내에 머물렀을 돈이 각국의 국경을 빠르게 넘어 다니고 있고 모스크바, 뉴욕, 도쿄, 서울, 뭄바이 같은 전 세계 주요 대도시에서 이합집산을 반복하고 있다.

지금까지 소개한 다섯 가지의 특성은 우리가 알고 있던 과거의 경제와 현재의 경제 사이에 존재하는 가장 중요한 차이점이다. 그리고 오늘날의 경제위기를 유발시킨 많은 요인들 가운데 주된 몇 가지 요인이기도 하다. 역사는 필연적으로 반복되는 것이 아니다. 다만 그렇게 보일 뿐이다.

2009년 1월
앨빈 토플러

한국어판 서문

　어느 날 나는 이름 모를 한 사람으로부터 전화 한 통을 받았다. 만약 내가 그 전화에 응답하지 않았더라면 이 책의 출간은 이루어지지 않았을지도 모른다.

　전화를 건 사람은 패트릭 디 저스토(Patrick Di Justo)로 〈와이어드 Wired〉 잡지의 객원 에디터라고 했다. 당시 나는 다른 일로 바쁘기도 했고 모르는 사람이 걸어온 전화라서 선뜻 응답하지 않았지만, 〈와이어드〉라면 나도 종종 읽으면서 여러 가지 첨단기술과 미래상에 대한 아이디어를 구하던 잡지였기 때문에 응답을 주기로 결심했다.

　그와의 대화는 매우 간단했다. 그는 나에게 1975년에 출간된 나의 책 《불황을 넘어서 The Eco-Spasm Report》를 최근에 다시 읽어본 적이 있느냐고 물었다. 사실 나는 그 책을 출간한 이후 한 번도 읽어본 적이 없었다.

　디 저스토는 자신이 그 책을 최근에 읽어보았는데 그 내용이 정말로 놀라웠다면서 다소 흥분된 목소리로 말했다. 그 책에 나와 있는 내용과 지금의 경제상황이 매우 흡사하다는 것이었다. 그는 나에게 그 책을 다시 한 번 읽어보라면서 나 역시 그 책의 내용에 놀라게 될 것이라고 했다.

그 말을 듣고 나는 내가 썼던 책을 다시 꺼내어 읽어보았다. 그리고 디 저스토가 장담했던 것처럼 정말로 스스로 놀랐다. 비록 내가 쓴 책이기는 하지만, 오래 전에 썼던 그 책에 들어 있는 소제목들은 마치 지금의 신문 헤드라인과도 같은 느낌을 주고 있었다.

《불황을 넘어서》에서 내가 강조했던 것은 미래의 경제위기는 (그 당시에 말했던 미래는 지금의 시점을 의미할 것이다.) 그전까지의 경제위기와 다를 것이고, 그렇게 되는 주된 이유로는 네 가지가 있다는 것이었다. 만약 오늘날의 정치·경제 지도자들이 그 이유를 제대로 이해하지 못한다면 지금의 경제위기는 파국으로 이어질지도 모른다.

무엇보다 과거와는 확연하게 달라진 속도를 생각해보라. 돈의 국경 간 이동속도, 커뮤니케이션의 속도, 생산과 유통의 속도, 그리고 일상적인 삶의 속도, 모든 것이 그전에는 상상도 하지 못했던 수준으로 빨라졌다.

오늘날 시장분석가들은 복잡한 구조의 금융상품이 전 세계 투자자들에게 너무나도 빠른 속도로 팔려나가고 있는데, 정작 그러한 금융상품을 설계한 당사자조차 자신이 만들어낸 금융상품의 구조를 제대로 이해하고 있지 못하다고 지적한다. 그들은 소위 '금융전문가'로 불리고 있는데도 말이다.

지금까지 대다수의 경제전문가들은 시장을 예측함에 있어 속도라는 변수를 제대로 대입하지 못했고, 결국 그들의 예측은 크게 어긋나고 말았다. 하지만 《불황을 넘어서》에서는 속도의 변화로 인해 경제상황의 전개양상이 크게 달라질 거라는 점이 지적된 바 있다.

속도, 시간, 금융질서의 변화 같은 변수들을 제대로 이해하지 못한다면 지금의 경제위기를 치료하기는커녕 문제를 제대로 이해하기도 어려울 것이다. 경제라는 것이 원래부터 혼란스러운 속성을 지니고 있는 것이기는 하지만 말이다.

나는 이 책에서 현재 시점에서 발생하고 있는 그 어떤 심각한 경제위기도 과거의 치료방식으로는 결코 치유할 수 없다고 강조한 바 있다. 오늘날의 경제는 과거와는 다르게 사회, 문화, 정치 등 너무나도 다양한 요인들과 밀접하게 관련되어 있기 때문이다.

오늘날의 경제는 경제 그 자체로 독립적으로 움직이지 않는다. 많은 사람들이 "전통적인 경제학의 틀로는 지금의 경제상황을 제대로 이해할 수 없다"고 말하고 있는데, 정말로 옳은 말이다.

나는 이 책에서 금융시스템과 경제시스템이 과도하게 복잡해지고 있다는 점도 문제로 지적한 바 있다. 전례 없이 복잡해지고 있는 시스템과 나날이 빨라지고 있는 의사결정의 속도가 결합되면서 위험성이 증폭되고 있는 것이다.

그 어떤 국가도 통제할 수 없는 거대 다국적 기업의 출현과 그 위험성에 대해서도 지적했다. 그리고 에너지 과소비가 가져올 파국에 대해서도 경고했다. 앞으로 우리는 지금까지와는 다른 전혀 새로운 에너지 시스템을 만들어내고 그에 적응해야 한다.

오늘날에 이르러 새로운 에너지 시스템의 개발과 생태보호는 당연히 추진되어야 할 과제로 인식되고 있고, 각국의 최고 정치지도자들까지 나서서 이 추진을 강조하고 있는데, 이는 《불황을 넘어서》에서 이미 30년도 더 전에 다루어진 주제이다.

이 책에서 전망했던 경제분야의 예측 가운데 많은 것들이 현실이 되었고, 그로 인한 충격은 이 책에서 예상했던 것보다 훨씬 더 크게 다가오고 있다.

물론 정치분야의 예측 중에는 틀린 것도 몇 가지 있다. 당연한 말이지만 어느 한 명의 사람이 30년 전에 예측했던 것들이 전부 다 현실이 될 수는 없을 것이다. 어쨌든 지금 이 책을 다시 읽어보면서 나는 이 책이 그리고 있는 미래상의 상당부분이 현실이 되어 있다는 사실에 전율을 느끼고 있다. 신기하면서도 놀랍다는 것이 더욱 정확한 표현일 것이다.

정치분야의 예측 가운데 현재의 상황과 다른 것에 대해서는 나로서도 조금 실망을 느끼고 있는데, 그것이 완전히 틀린 것인지에 대한 판단은 독자 여러분에게 맡기도록 하겠다.

세계적으로 유명한 경제학자, 투자전문가, 정치인 그리고 다른 여러 분야의 전문가들, 이들 가운데 많은 이들이 현재의 위기상황을 1930년대 대공황에 빗대곤 하는데, 정말로 그럴까 하는 생각에 나는 고개를 갸우뚱거리게 된다.

만약 그들이 지금의 상황을 제대로 인식하고 있다면 그와 같은 식으로는 말하지 않을 것이다. 게다가 더욱 큰 문제는 잘못된 상황인식하에서 만들어낸 해법이 진정으로 위기를 해결하는 데 얼마나 효과를 발휘할 수 있을까 하는 점이다.

이 책이 처음 출간되었던 당시 미국의 산업구조는 지식과 서비스 기반의 산업구조로 빠르게 바뀌고 있었다. 그때 이미 미국에서는 제조업의 역할이 많이 축소되어 있었다. 오늘날에 이르러 대다수의 선진국 경제에서는 지식이 가치창출의 가장 중요한 원천이 되어 있고, 심각한 경제위기를 겪고 있는 중에도 그와 같은 지식의 위상은 조금도 흔들림이 없다.

하지만 지금의 경제위기에 대한 수많은 분석과 전망 보고서 가운데 경제의 주요 동력으로서의 지식에 관한 내용은 좀처럼 찾아볼 수가 없다. 경제위기 상황에서 지식이 어떤 의미를 갖고, 지식산업에 어떤 일이 생길 것이고, 앞으로 우리가 어떤 식으로 대응해야 하는지에 관한 이야기가 거의 없는 것이다.

비록 이 책은 오래 전에 출간된 책이지만, 단순히 오래된 유물로서가 아니라 미래에 관한 여러 가지 전망과 아이디어를 담고 있는 책이라는 점에서 의미가 있다고 하겠다. 미래에 관한 전망과 아이디어라는 것은 오늘날 발생한 경제위기를 대처하는 데 있어 실질적으로 도움이 될 것이다.

모쪼록 이 책이 한국의 독자 여러분에게 지금의 경제위기를 극복하는 데 필요한 통찰을 전해줄 수 있기를 간절히 바란다.

앨빈 토플러

CONTENTS

미래의 불황은 이전과는
완전히 다른 경기침체

대부분의 산업국가에서 경제호황을 누리고 있었고, 어느 누구도 에너지 위기나 석유 금수(禁輸), 오일머니 같은 단어를 언급하지 않던 1972년부터, 나는 '미래의 불황(depression of the future)'이라는 이름의 파일을 만들어 이런저런 자료들을 수집하고 있었다. 그 파일에는 세계 여러 나라의 언론기사, 경제 관련 통계자료, 기업경영자나 공공부문 책임자와의 인터뷰 자료 등이 담겼다.

나는 인터뷰를 할 때마다 앞으로 경기침체가 발생한다면 그들이 이끌고 있는 조직에 어떤 영향이 예상되는지를 질문했다. 그러나 그들의 대답은 별로 신통한 것이 없었다. 경영자나 조직책임자의 대답은 평가할 만한 가치가 없을 정도로 무의미한 것이 많았다. 도대체 그들은 자신들의 앞날에 경기침체 같은 일이 일어날 것이라고는 생각조차 하지 않는 것 같았다.

나의 주된 관심사는 미래의 정치에 관한 연구이지만, 시간이 흐를수록 경제분야로 점차 관심이 옮겨졌다. 수십 년에 걸쳐 확고하게 형성된 경제적 풍요로움과 여가생활, 무한 성장에 관한 개념들이 일 년 남짓한 시간 동안에 완전히 뒤집히는 광경은 정말로 놀라운 것이었다. 50년대와 60년대를 지배하던 장밋빛 미래에 대한 전망은 극히 짧은 시간에 공포감으로 뒤바뀌어 있었다.

1974년 7월 〈에스콰이어Esquire〉는 내게 다가올 불황에 관해 심층 기사를 써줄 것을 요청했다. 나는 그렇게 하겠다고 수락했지만 제대로 된 기사를 작성할 수 있을지 조금은 불안했다.

내가 모아둔 자료들은 이미 시간이 많이 지났을 뿐더러 앞으로 다가올 불황은 그 전까지 사람들이 알고 있던 불황과는 전혀 다른 것이 될 거라는 생각을 가지고 있었기 때문이다.

미래의 불황은 그 전의 것과는 완전히 다른 경기침체일 것이고, 또 극복하기도 훨씬 더 어려운 것이 될 거라는 게 나의 생각이었다.

〈에스콰이어〉의 요청을 수락한 이후 8월부터 10월까지 나는 내 아내이자 저술활동의 파트너인 하이디(Heidi Toffler)와 함께 미국 각지와 뉴질랜드, 호주, 싱가포르, 베이루트, 로마, 코펜하겐, 런던 등 전 세계 여러 도시들을 다니며 많은 사람들을 만나 인터뷰하고 강연도 했다. 우리가 인터뷰했던 사람들 중에는 총리, 장관, 경제학자, 경영자, 노동조합 대표, 페미니스트, 대학생, 환경론자, 우파와 좌파와 중도파 사람들이 포함되어 있다.

아내와 나는 집회에도 참석했었고, 집회를 주도한 사람들이 나누어주는 전단도 읽어보았다. 사실 우리는 당시 전개되고 있는 상황에 대해 '불황'이라는 단어를 사용하는 것에 대해 망설였는데, 많은 사람들과 대화를 나누고 난 후 그러한 우리의 직관이 합당하다는 확신을 갖게 되었다.

나는 '불황을 넘어서(Beyond Depression)'라는 제목의 심층기사를 써서 〈에스콰이어〉에 기고했다. 그리고 그 기사에서 산업국가를 중심으로 벌어지고 있는 경제위기 현상에 대하여 설명하였다.

나는 이 심층기사에서 경제위기와 관련된 여러 가지 시나리오를 소개하기도 했지만, 한정된 지면과 잡지의 저널리즘적 특성상 핵심적인 얘기를 전부 다 논할 수 없었다.

당시 기사의 내용은 지금 일어나고 있는 위기의 비관적인 전망만이 강조되었을 뿐 위기상황에 어떤 긍정적인 선택이 존재하고 있는지, 그것을 어떤 식으로 이용할 수 있는지에 관한 내용은 거의 소개되지 못했다.

그 기사에 대한 사람들의 반응은 뜨거웠다. 수많은 곳에서 내 기사에 대한 분석이나 비평 등이 연일 신문 경제면에 오르내렸다. 〈에스콰이어〉에서는 그 기사로 인해 최근 몇 년 사이 독자로부터 가장 많은 편지를 받았다는 말도 전해주었다.

하지만 많은 독자들에게 그 기사는 비관적인 전망이 지나치게 강조되어 있어 실망스러웠을 것이다. 실제로 내 기사에 대해 미래학자 존 매케일(John McHale)은 다음과 같이 말하기도 했다. "무엇이 다른지에 대해서는 거의 이야기하지 않고 오직 불황에 대해서만 말한다."

이 책은 내가 기고했던 심층기사를 토대로 분량을 크게 늘려 쓴 책이다. 그리고 존 매케일의 지적이 옳다는 내 생각에 대한 반응의 결과물이기도 하다.

이 책에서는 그 기사를 보완하기 위한 새로운 자료가 추가되었고, 기사에 나왔던 함축적인 언급을 구체적으로 설명하였으며, 무엇보다 위기를 기회로 활용할 수 있는 일련의 전략을 제시하였다.

현재 우리가 겪고 있는 위기는 훨씬 더 심각한 결과로 이어질 수 있다. 단발성의 위기 혹은 국지적으로 발생하는 위기가 아니라 강력한 충격으로 다가오는 글로벌 차원의 대규모 위기, 즉 발작적 경제위기일 가능성이 크다.

하지만 우리에게는 대안이 있다. 나는 이 책에 제시되어 있는 대응전략이 위기로 인한 피해를 줄여줄 뿐 아니라 우리를 훨씬 더 나은 미래로 이끌어줄 수 있다고 믿는다.

이 책은 현재 진행 중인 상황을 기반으로 집필했기 때문에 완전한 내용을 담고 있지는 않다. 이 책을 쓰기 위해 수개월에 걸쳐 방대한 양의 자료를 수집했지만 정작 책을 쓰는 기간은 그리 길지 않았고, 책의 마지막 부분은 내 아내 하이디가 런던에서 뉴욕으로 전화를 걸어 구두로 작성한 것이기도 하다. 어쩌면 이 책의 출간 과정 자체가 새로운 변화의 모습을 그대로 투영하고 있다고 할 수 있다.

나는 이 책이 독자 여러분에게 현재의 위기를 분명하게 이해하고 극복하는 데 도움이 되기를 바라며, 이를 위해 미래학자의 관점에서 최대한 명료하고 구체적으로 글을 쓰려고 했다는 점을 알아주기 바란다.

앨빈 토플러

1

도박판이 된 세계경제

TOFFLER

TOFFLER

TOFFLER

글로벌 경제가 움직이는 규칙과 그 진행양상은 무척이나 빠른 속도로 변해왔고,
그와 같은 변화는 지금도 진행 중이다. 그 과정에서 세계 각국의 국내 경제 또한
꼬일 대로 꼬여 있는 상황이다. 지금의 글로벌 경제는 글로벌 카지노라고 부를 만하며,
그 글로벌 카지노는 판돈은 높아지고 승률은 낮아지고 있는 상황이다.

최근 들어 서구사회의 언론을 지배하고 있는 두 개의 테마는 바로 '돈'과 '광기'이다. 파업, 도산, 물가폭등, 물자부족 등이 사람들을 혼란스럽게 만들고 있다.

한편에서는 일확천금을 벌었다는 이야기가 들려오고, 또 한편에서는 치솟는 실업률에 대한 우려가 헤드라인을 장식하고 있다. 인플레이션과 디플레이션에 대한 전망이 교차하면서 주가는 매일같이 큰 폭으로 오르내리고 있고, 글로벌 금융시스템은 그야말로 짙은 광기로 치닫고 있는 것 같다.

정신과 의사들에 의하면 인류의 가장 흔한 정신병 가운데 하나인 정신분열증은 '긍정적인 감정상태와 부정적인 감정상태를 빠르게 오르내리는 것'으로, 이 환자들은 종종 세계와 자신에 대해 과대망상을 갖는다고 한다. 환상을 실제와 같이 인지하고, 불면증에 시달리며, 악몽을 현실과 혼동하고, 이유 없는 공포감을 갖는 것이다.

그런데 오늘날의 글로벌 경제상황이 딱 이렇다. 지금의 경제상황은 정신분열증에 빠져 있고, 경제를 구성하는 대다수 주체는 현실감을 상실해버렸다. 그리고 이유 없는 공포감이 경제 전반으로 확산되고 있다.

공포감의 확산

미국의 코네티컷, 영국의 도싯과 데번, 콜롬비아의 보고타, 호주의 시드니 북부 외곽 등지에서 대규모로 농업을 경영하고 있는 지주들 사이에서는 지금 과대한 공포감이 형성되어 있다. 식량, 의약품, 석유, 식수 등의 공급이 끊어진 도시 거주자들이 떼지어 도시 밖으로 몰려나와 자신들의 농산물과 가축을 약탈하는 광경이 자꾸만 머릿속에 떠오르기 때문이다.

그런가 하면 도시 거주자들은 슈퍼마켓에서 음식을 구할 수 없게 되면 직접 자기 집 옥상에서 작물을 재배해야 할 거라고 말하기도 한다. 지금 그들은 세상이 멸망한 후에는 어떤 식으로 생존할 수 있을지를 걱정하고 있다.

산업사회가 맞은 성장의 한계, 그리고 경제위기는 사람들에게 히에로니무스 보쉬(Hieronymus Bosch)의 지옥 그림 혹은 오슨 웰스(Orson Welles)의 우울한 영화에서나 나왔을 법한 이미지를 떠올리게 한다.

얼마 전까지 사람들 사이의 공포감은 환경에 대한 우려를 먹고

성장해왔지만, 이제는 경제에 대한 우려를 먹고 그 크기를 더욱 팽창시키고 있는 형국이다. 지금 사람들은 세계 금융시스템의 재앙적인 붕괴에 대해 말하고 있다. 그리고 그에 관한 논의는 자못 진지하게 이루어지고 있다.

런던 금융가의 재무전문가인 짐 슬레이터(Jim Slater)는 다가올 금융시스템의 재앙적인 붕괴로 초인플레이션이 발생한다면 개인은 생존을 위해 정어리 통조림, 자전거, 황금, 자동소총 같은 비상용품을 소지해야 할 것이라고 제안한다.

나와 가까운 사이에 있는 한 유명 벤처캐피탈리스트는 앞으로 그 누구도 상상할 수 없는 지독한 상황이 전개될 텐데, 자기는 그러한 상황에 대비하여 테니스라켓과 테니스공을 사 모으고 있다고 말한다. 그는 여러 개의 컴퓨터 회사를 설립하거나 투자했고, 지금은 실리콘밸리에서 왕성하게 활동하고 있다. 이와 같은 사람들은 그나마 차분하게 대비하고 있는 사람들이다.

뉴욕증권거래소 회장 제임스 니덤(James Needham)은 엄청난 자본 위기가 발생하여 주택, 운송, 에너지 개발, 사업 현대화 등과 관련된 계획이 모두 멈추어버릴 것이고, 수많은 기업이 도산할 것이며, 실업률은 전례 없이 높아질 거라고 말한다.

제럴드 포드(Gerald Ford)와 헨리 키신저(Henry Kissinger)는 세계경제의 몰락을 경고했고, 프랑스 대통령 지스카르 데스탱(Giscard d' Estaing)은 모든 사회정치지표가 절망으로 치닫고 있다고 말한다.

〈뉴욕 타임스〉는 이와 같은 상황을 다음과 같이 정리하기도 했다. "이전 같으면 미친 소리로 치부되어 무시당했을 예언들이 지금은 진지하게 받아들여지고 있다."

산업방식의 총체적 위기

그런데 모두들 공통적으로 던지는 질문이 있다. "그와 같은 일이 다시 일어나게 될까?"라는 물음이다. 여기서 '그와 같은 일'이란 지난 1930년대 대공황을 의미한다.

실업자들의 기다란 식량배급행렬로 공식화된 대공황은 제2차 세계대전의 종식 때까지 이어졌다. 1930년대 대공황은 한 세대의 삶을 망쳐놓았고, 세계 각국의 정치를 바꿔놓았다.

우리는 지금 또 한 번 그와 같은 일이 일어나게 될 거라고 예측하고 있다. 참으로 순진하게도 우리는 역사가 그 자체로 반복된다고 믿고 있다. 이와 같은 믿음으로 인해 과거와 똑같은 비극이 다시 재현될 거라고 생각하게 되는 것이다.

순진한 믿음은 그 자체가 비극이다. 지금 우리 앞에 다가오고 있는 상황은 1930년대 대공황의 재현이 아니다. 그것은 1930년대의 대공황보다 더 지독한 것이 될 수도 있지만, 오히려 더 좋은 일이 될 수도 있다. 분명한 것은 앞으로 우리가 겪게 될 일은 과거의 일과 똑같지 않을 거라는 점이다.

실제 우리가 지금 목격하고 있는 현상은 단순한 경제적 위기가 아니다. 기존의 경제적 관점으로는 이해할 수 없는 훨씬 더 심오하고 복잡한 현상이다. 지금 벌어지고 있는 상황으로 인해 어리둥절해 하고 있는 많은 경제전문가들이 "과거의 경제법칙은 더 이상 유효하지 않다"고 외쳐대는 이유도 바로 이 때문이다.

우리가 지금 목격하고 있는 상황은 산업방식의 총체적인 위기이고, 이러한 위기를 겪고 나면 우리의 눈앞에는 이전과는 완전히 다른 상황이 전개될 것이다. 에너지 기반, 가치체계, 가족구조, 회사조직, 의사소통방식, 시간과 공간에 대한 관념, 인식론, 그리고 경제 그 자체, 이 모든 것이 달라지는 것이다.

지금 벌어지고 있는 일은 지구상에서 이제까지 진행되어온 산업문명화의 완전한 방향전환이며, 우리는 그전의 것과는 전혀 다른 새로운 사회질서의 출현을 목격하고 있다. 앞으로 진행될 초산업사회에서는 자본이나 노동력이 아닌 기술이 주도하게 될 것이다.

충분히 오랜 시간이 지나면 지금의 위기가 해결되고 다시 예전의 상황으로 돌아갈 수 있을 거라고 기대하는 사람들도 있다. 이들은 경제 이외의 영역에서 발생하고 있는 수많은 변화의 신호를 감지하지 못했기 때문에 이같이 말하는 것이다.

경제위기는 경제전문가들이 생각하지도 못했던 요인들에 기인할 수 있고, 이는 사회 전반에 걸쳐 커다란 변화가 일어나고 있다는 징후일 수도 있다.

역사란 저절로 반복되는 것이 아니다. 지금 우리는 완전히 새로운 유형의 사회로 변화해나가고 있기 때문에 1930년대 대공황을 교훈삼아 만든 경제안정장치들은 별로 효과가 없을 것이다.

경제전문가들의 장밋빛 기대

경제전문가들은 예금보험공사, 연방준비은행, 중앙은행 같은 공공기관들이 민간은행에 대해 관리·감독을 하고 지급보증을 함으로써 금융시스템을 안정화시킬 수 있다고 말한다. 또 기초생활보호제도, 실업수당, 연금 같은 사회보장제도가 있기 때문에 최악의 상황이 발생하더라도 사람들에게 일정 수준 이상의 구매력을 제공할 수 있다고도 한다.

전 세계 국가들은 공무원의 수를 크게 늘려왔는데, 이러한 거대한 규모의 공무원들이 경기침체로 인한 충격을 완충시키는 효과를 만들어낼 거라는 지적도 있다. 아무리 극심한 경기침체가 발생하더라도 공무원은 일정 수준 이상의 임금을 안정적으로 받기 때문이다. 어떤 경제전문가는 이에 관해 다음과 같이 말했다. "모든 사람이 군대에 가면 실업문제 같은 것은 금세 사라질 것입니다."

게다가 오늘날의 경제전문가들은 1930년대의 경제전문가들보다 더 많은 것을 알고 있고 컴퓨터를 기반으로 하는 다양한 분석도구를 활용하고 있다는 점을 지적하는 이들도 있다. 실제로 오늘날의 경제전문가들은 컴퓨터화된 복잡한 경제모델을 활용하고 있고, 여러 가지 새로운 계수들을 활용하고 있으며, 1930년대 같았으면 상상도 하지 못했을 다양한 분석 및 예측도구들을 활용하고 있다.

경제전문가의 위상이나 영향력 역시 크게 높아져 있는 상태이다. 그들은 정부 고위직에 진출해 있고, 대통령이나 총리나 의회지도자들에게 직접적으로 조언을 하기도 한다. 재정지출, 세금정책, 신용

관리 등의 분야에 관해 케인즈식의 이론을 설파해오고 있는 것이다.

이 모든 요소들을 생각해보면서 안심하는 이들도 있을 것이다. 마치 경제위기에 대응할 수 있는 강력한 무기를 다양하게 보유하고 있는 듯 할 것이다.

경제의 마지노선

지금 경제전문가들은 마치 최후의 전쟁을 치르고 있는 것처럼 치열하게 움직이고 있다. 그런데 그들이 내세우고 있는 경제위기의 안정장치들은 겉으로는 강력해 보이지만 실질적인 효과는 거의 없었던 마지노 요새(Maginot Line, 마지노선)를 연상시킨다.

제2차 세계대전이 발발하기 전에 막강한 화력과 방어력을 지니고 있던 마지노 요새를 건설했지만 그 요새의 총구는 잘못된 방향을 가리키고 있었다.

지금의 경제적 안정장치들도 마찬가지이다. 그것들은 전통적인 산업사회의 영속을 가정하여 만들어진 것이지만, 지금 우리가 살고 있는 사회는 그전과는 완전히 다른 사회로 빠르게 변해가고 있는 중이다. 지금과 같은 초고속 통신, 유로달러, 오일머니, 다국적 기업, 막강한 영향력을 지니게 된 거대 금융기업 등은 전통적 의미의 산업사회에서는 존재하지 않던 것들이다.

새로운 사회의 특징 가운데 하나는 경제주체에 대한 정부의 규제가 구조적으로 느슨해질 수밖에 없다는 점이다. 경제주체의 국적과

물리적인 활동영역이 모호해졌기 때문이다.

이 문제는 1970년 4월 버나드 콘펠드(Bernard Cornfeld)가 설립한 거대 금융회사 IOS(Investors Overseas Services)의 파산, 그리고 많은 기업 경영자들의 크고 작은 사기와 부정이 드러나면서 부각되었다.

1968년까지 소위 '역외 조세도피처'로 설립된 뮤추얼 펀드 수는 165개 정도로 추산되고 있으며, 이들 펀드의 명목상 본사는 바하마 군도, 케이먼 군도, 라이베리아, 파나마, 네덜란드령 앤틸리스 제도 같은 곳에 위치해 있다. 이들 가운데 상당수 펀드들은 투자자의 돈을 부정한 방식으로 운용하거나 유용해온 것으로 드러나고 있다.

역외 펀드들은 대부분 유령사무실이나 별장에 주소지만을 두고 있기 때문에 해당 국가로부터 거의 아무런 제재를 받지 않는다. 심지어 어떤 펀드의 경우는 'Give-Up'이라는 상징적인 이름의 요트에 본사 주소지를 두고 있는 경우도 있다.

사기범으로 몰려 외국으로 도망가 버린 악명 높은 금융가 로버트 베스코(Robert Vesco)에 대하여 전기를 쓴 작가 한 명은 이렇게 설명한다. "명목상으로 펀드는 파나마에 설립한 것처럼 보인다. 그러나 실질적으로는 루가노 호수가 내려다보이는 스위스의 한 별장에서 그리스인 펀드매니저에 의해 운용되고, 펀드 판매는 리히텐슈타인에서 이루어지고, 투자자의 대부분이 브라질과 스칸디나비아 사람들로 구성되어 있는 이 펀드에 대해 파나마 사법부가 그리 큰 관심을 보일 리 없다."

베스코는 여러 국가의 정치지도자들에게 거액의 뇌물을 뿌렸고, 닉슨 전 미국 대통령의 재선에도 불법적으로 영향력을 행사하려고 했다. 수많은 역외 펀드들이 몰락하고 로버트 베스코 같은 부도덕한 금융가의 정체가 드러나고 있는 지금의 상황은 그동안 진행되어온 거대한 변화를 드러내는 지극히 작은 징후에 불과하다.

펀드매니저들의 부정, 유용, 무모한 투자, 기만적인 재무보고서 같은 것들은 그 자체로는 그리 심각한 문제가 아니다(해당 펀드에 돈을 투자한 사람들의 경우라면 다를 테지만 말이다). 오히려 그러한 것들이 드러내고 있는 이면, 즉 1930년대 대공황 이후 우리가 최선이라고 인식되어온 방식들이 마지노 요새처럼 무용지물이 될 수 있다는 사실, 그 자체가 훨씬 더 심각한 문제이다.

전 세계 수많은 소액투자자들을 참여시키는 방식으로 매우 빠르게 성장해온 IOS 같은 뮤추얼 펀드는, 1930년대 대공황 시절에는 존재하지 않던 중산층의 증가와 고도의 컴퓨터기술 및 통신기술 덕분에 성장할 수 있었다.

금융제국을 건설한 콘펠드의 제트기와 컴퓨터는 그가 사업을 하는 데 있어 국경이라는 장벽을 쉽게 넘나들 수 있도록 해주었고, 그가 원하는 거래를 빠르게 마무리 지을 수 있도록 해주었다.

지금은 당연한 것들이지만 1930년대에는 상상도 하지 못했던 방식이다.

금융시스템의 와해

전통적인 산업사회의 시스템이 무너지면서 그전과는 완전히 다른 가치관이 출현했다는 점도 주목할 필요가 있다.

1920년대만 하더라도 사람들은 은행을 비롯한 금융기관에 대해 완고하고, 엄격하고, 따분하리만치 보수적이라는 이미지를 가졌지만, 오늘날의 금융기관은 푼돈을 들고 온 고객에게도 친절하다.

수십 년 전의 사람들이 이와 같은 모습을 상상이나 했을까? 1920년대와 1930년대의 법규로 오늘날의 금융기관을 효과적으로 통제할 수 있을 거라는 기대는 상당히 우려스럽다.

이제 당국이 관리해야 하는 것은 불법 증권거래소나 무허가 증권 세일즈맨만이 아니다. 얼마 전부터 새로운 자유의 맛을 알아버린 정통 금융인들도 이제는 집중적인 관리대상에 포함되어야 한다. 시장에서 좋은 평판을 지니고 있고 합법적으로 영업을 하는 금융인들 역시 경제의 마지노 요새가 지니고 있는 허점을 계속해서 찾고 있기 때문이다.

지금 각국은 중앙은행을 보유하고 있지만, 중앙은행의 관리·감독 하에 있는 민간은행의 국적은 점차 모호해지고 있다. 다국적 금융기업 혹은 여러 국가의 은행들이 컨소시엄을 구성하여 민간은행의 대주주로 등장하는 일이 계속해서 많아지고 있기 때문이다. 당연히 한 국가의 중앙은행은 국적이 모호한 민간은행에 대한 책임을 전적으로 수용하는 것을 원하지 않는다.

여러 국가의 은행들이 컨소시엄을 구성하여 인수한 은행에 문제가 발생하는 경우, 어떤 국가의 중앙은행이 가장 큰 책임을 져야 할까? 이를 규정할 합리적인 방법이 있는가?

예를 들어 미국, 일본, 영국, 스웨덴, 독일 등의 국가에 본사를 두고 있는 은행들이 연합하여 어떤 은행을 인수한 경우, 미국 정부는 자국의 법규를 해당 은행에 적용할 수 있을까? 해당 은행이 주된 영업을 하고 있는 국가에서는 합법적이지만 미국 내에서는 불법적인 영업방식이 있다면 어떻게 해야 할까?

정신분열증에 빠져 있는 지금의 경제상황에서 누가 나서서 과감하게 책임을 지고 관리·감독을 수행할 수 있겠는가? 지금 각국의 중앙은행은 민간은행을 규제하는 일에 선뜻 나서지 못하고 있는 실정이다.

마틴 메이어(Martin Mayer)는 최근 발표한 〈은행가The Bankers〉라는 제목의 보고서에서 영국 중앙은행의 한 간부직원의 말을 다음과 같이 인용하였다. "미국의 시티은행이 영국 런던에서 미국의 법규를 지키든 말든 제가 상관할 일은 아닙니다. 사실 그런 것에 대해서는 알고 싶지도 않습니다."

메이어는 스위스에서 영업 중인 한 스웨덴 은행지점의 영업 실태를 조사하기 위해 스위스에 입국했던 스웨덴 조사관 두 명이 말 그대로 스위스 당국으로부터 내동댕이쳐졌던 일화에 대해서도 소개하고 있다. 스웨덴 조사관들의 활동에 대한 정보를 입수한 스위스 경찰들이 스웨덴 조사관들을 잡아다 공항까지 호송했다고 한다.

은행조직이 비대해지고, 분화되고, 복잡해지면서 최고 경영자들이 은행 내에서 일어나고 있는 세부적인 일을 제대로 알지 못한다는 점도 문제이다.

퍼스트 내셔널 시티뱅크(First National City Bank)의 경우 지난 6년 동안 자산과 대출규모가 두 배로 증가했다. 전 세계 65개 국가에서 311개의 지점을 운용하고 있는 이 은행은 이익의 반 이상을 해외부문에서 내고 있고, 전 세계 사업장에 무려 2만 2,000명에 달하는 직원이 근무하고 있다. 당연히 이 정도 되는 규모의 조직을 본사에 있는 임원들이 샅샅이 파악한다는 것은 불가능한 일이다.

이와 같은 문제는 퍼스트 내셔널 시티뱅크만이 겪고 있는 문제가 아니다. 모건 뱅크(Morgan Bank) 런던지점의 한 간부급 직원은 이렇게 말한다. "뉴욕 본점에서는 단지 제가 보내주는 수치만을 알 뿐입니다. 그것도 한 주 혹은 그보다 더 늦게 알게 되죠. 그래서 어떤 문제가 발생하더라도 대응하기에는 너무 늦어버리게 됩니다."

이와 같은 상황에서 취리히, 오사카, 프랑크푸르트, 뉴욕 등지의 본점에 앉아 있는 최고 경영자들이 거대한 은행조직을 효과적으로 통제할 수 있을까?

독일, 영국, 미국 등에 본사를 두고 있는 은행이 겪고 있는 여러 가지 심각한 문제들은 거대 은행이 처해 있는 상황이 얼마나 위태로운가를 잘 말해주고 있다. 그들의 조직은 지나치게 비대하고, 너무나도 많은 일에 관여하고 있으며, 스스로의 몸집을 감당하는 것도 버거운 상태이다. 이미 통제범위를 넘어서 버린 것이다.

파산한 독일의 방크하우스 헤르슈타트(Bankhaus Herstatt)는 청산 이후 갚지 못한 부채 규모만 미화로 1억 달러에 이른다. 미국에서 18번째로 큰 은행인 프랭클린 내셔널(Franklin National)도 파산위기에 이르렀다가 겨우 살아남았을 정도이다.

리서치기업인 뱅크 크레딧 애널리스트(Bank Credit Analyst)는 이와 같은 일련의 상황을 다음과 같이 정리하기도 했다. "1974년의 처음

일곱 달 동안 유럽의 은행시스템은 매우 심각한 위기를 겪어오고 있다. 이와 같은 일은 1930년대 위기 이후 처음 있는 일이다."

그런가 하면 마틴 메이어는 자신의 보고서에서 다음과 같이 말하고 있다. "은행들의 대출손실규모는 엄청나게 커질 수 있으며, 지금 이 순간에도 시간은 점점 파국을 향해 치닫고 있다. 어쩌면 이번 위기로 인해 은행시스템이 붕괴될 수도 있다. 관리당국이 지금과 같은 상황을 계속해서 통제하지 못한다면 재앙의 규모는 그만큼 더 커질 것이다."

지금 각국의 중앙은행은 자국 내의 상황을 얼마나 효과적으로 통제하고 있는가? 영국의 런던 앤드 카운티 시큐리티스(London & County Securities)가 파산에 이르면서 다른 은행들을 커다란 위기에 빠뜨렸을 때 〈런던 타임스〉의 한 기사에는 다음과 같은 내용의 글이 실렸다. "많은 중소 규모의 은행들은 지켜야 할 기본적인 규정을 하나도 지키지 않고 있었다." 상황이 이와 같았음에도 영국의 중앙은행은 제대로 된 모니터링 시스템도 갖추고 있지 못했다.

낡은 경제안정장치들의 실패, 그리고 규제를 교묘하게 회피하는 새로운 세력의 출현으로 인해 외환시장은 이미 도박판이 되어 있다.

외환시장 참여자들의 면면을 보라. 도박꾼, 아랍의 토후국, 다국적 대기업의 이사, 조직 폭력배, 포주, 부유층의 자녀 등 상당수가 이런 사람들이다. 일부 외환딜러도 규제의 허점을 파고들어 회사에 엄청난 손실을 끼치면서 개인적인 이득을 취하고 있다.

외환딜러의 부정 거래를 폭로한 〈인터내셔널 커런시 리뷰*International Currency Review*〉는 그와 같은 일이 "매우 큰 규모로 이루어지고 있다"고 보도했고, 그렇게 취한 이득으로 외환딜러들은 자동차를 바꾸고 매춘을 했다고 한다.

세계 각국의 중앙은행이 민간 금융기관을 대신해 떠안은 손실은 지난 5년 동안 확인된 것만 100억 달러에 이르는데, 그 돈은 결국 일반 소비자와 납세자에게로 전가되는 돈이다.

잠자리채로 코끼리 잡기

각국의 중앙은행이 자국 내의 금융시스템을 효과적으로 통제하기 어려운 주된 이유 가운데 하나로 '유로달러(Eurodollar)'의 존재를 들 수 있다. 유로달러 역시 제트기, 컴퓨터, 원자폭탄, 비키니 등과 마찬가지로 지난 1930년대 대공황 당시에는 존재하지 않았던 것이다.

유로달러는 산업사회에서 초산업사회로 전이되는 과정에서, 그리고 국경을 초월한 거래 과정에서 생겨난 산물로 미국 이외의 지역, 특히 유럽의 은행에 예치되어 있는 미국 달러를 의미한다.

유로달러는 기존의 낡은 은행법으로는 효과적으로 통제할 수 없다. 국제통용화폐로 자리 잡은 미국 달러가 워낙 빠른 속도로 국경을 이동하고 있기 때문이다.

각국의 중앙은행에게 유로달러는 손에 잡히지 않는 유령과도 같다. 유로달러는 유럽이나 아시아의 시중은행에 실물로 예치되어 있을 수도 있지만, 단순히 장부상으로만 머무르다 다른 나라로 금세 떠나버릴 수도 있다.

예를 들어 미국의 한 다국적 기업이 시카고에 있는 한 은행지점에서 1,000만 달러를 인출하여 이탈리아의 밀라노에 있는 다른 은행지점에 예치해두었다고 해보자. 그럼 밀라노의 그 은행에서는 그렇게 모아진 유로달러를 다른 기업에게 대출해줄 것이다. 그 기업은 영국 맨체스터에 있는 기업일 수도 있고, 프랑스 마르세유에 있는 기업일 수도 있다.

그런데 이때 달러의 실물 움직임이 반드시 따르는 것은 아니다. 대출이 발생한 날 밤에 곧바로 대출금액만큼 현금수송을 하지 않아도 되는 것이다. 하지만 대출이 이루어졌다면 언젠가는 해당 금액이 영국이나 프랑스로 이전되어야 한다. 이는 그 어떤 중앙은행도 통제할 수 없는 돈이다.

이와 같은 일이 일어나면서 몇몇 국가들, 예컨대 독일이나 벨기에 혹은 바하마 군도 같은 나라에 달러가 집중되는 현상이 발생할 것이고, 이는 각국의 금융당국과 정치인들을 곤란하게 만들 것이다. 한쪽에서는 달러가 과도하게 유입되면서 인플레이션이 발생하고, 다른 한쪽에서는 달러가 부족해지면서 여러 가지 문제가 발생하여, 국제수지의 균형이 깨지게 된다.

경제학자 제인 스네든 리틀(Jane Sneddon Little)은 이러한 상황을 통제하기 위한 금융당국의 노력을 빗대어 다음과 같이 설명했다. "이와 같은 상황을 통제하기 위한 중앙은행의 노력은 마치 잠자리채로 코끼리를 잡으려는 것과 같다. 처음부터 이길 수 없는 게임인 것이다."

그는 덧붙여 이렇게 말한다. "아무리 부유한 국가라 하더라도 이와 같은 유령의 출몰로부터 자국의 경제를 지켜낼 수는 없는 노릇이다."

유로달러의 문제는 너무나도 많은 사람들이 그것을 좋아한다는 점에 기인한다. 소련이나 중동 국가들 같이 미국과 적대관계에 있는 국가들은 정치역학상 미국 내에 있는 은행에 달러를 예치해둘 수 없다. 미국 정부가 달러 예금을 동결해버리거나, 아예 몰수해버릴 수도 있기 때문이다.

다국적 기업도 달러가 갖는 안정성과 신뢰성 때문에 달러를 선호한다. 피아스터(piaster), 동(dong), 디나르(dinar), 바트(baht) 같은 화폐보다 미국 달러가 더 안전하고 신뢰할 만하다는 데 이의를 제기하는 사람은 아무도 없을 것이다.

외국의 은행들 역시 미국 달러를 선호한다. 자국 중앙은행의 규제를 받지 않고도 대출을 해줄 수 있고, 달러에 대한 대출 수요도 많아 금리도 더 높게 받을 수 있기 때문이다.

지금 전 세계를 떠돌고 있는 유로달러는 우리가 생각하는 그 이상의 규모이며, 이 돈에 대해서는 그 어떤 중앙은행도 효과적으로 영향력을 행사할 수 없다.

엄청난 액수의 유로달러와 그로 인한 대출 규모로 인해 지금 유럽의 금융시장은 계속해서 거품이 부풀어 오르고 있는 상태이다. 그 속도도 너무 빨라서 그 어떤 기관도 그 실태를 제대로 파악하거나 효과적으로 통제하고 있지 못하다.

한 칼럼니스트는 이러한 상황을 '차용증서 꽃다발'이라고 표현하기도 했다.

거대 다국적 기업들

당연한 이야기이지만 초국적 은행의 성장과 유로달러의 급팽창은 우연의 산물이 아니다. 그 배경에는 다국적 기업의 빠른 성장이 있다. 이를 글로벌 기업이나 초국적 기업이라고 불러도 상관없다.

거대 다국적 기업의 출현이 새삼 새로울 것은 없다. 20세기 초에도 유나이티드 프루트, 스탠더드 오일, 인터내셔널 니켈 같은 기업들이 전 세계를 무대로 활동했고, 코카콜라나 아나콘다 카퍼 같은 기업들이 이 대열에 동참했다.

이는 미국만의 일이 아니어서 네덜란드에서는 필립스, 영국에서는 임페리얼 케미컬 인더스트리즈와 브리티시 페트롤리엄이, 독일에서는 파르벤이, 스위스에서는 네슬레가 전 세계를 무대로 활동했다.

이들은 다른 나라에서 바나나 농장을 경작했고, 원유를 시추했으며, 초콜릿을 생산했고, 청량음료나 재봉틀 같은 제품들을 판매했다.

그러다 제2차 세계대전 이후 미국 기업들의 해외진출이 폭발적으로 늘어나기 시작했다. 특히 미국 기업들이 대거 진출한 지역은 서유럽과 중동이었는데, 1950년 한 해에만 미국 기업들은 120억 달러의 돈을 해외에 투자했다. 1968년까지 이 수치는 650억 달러로 폭등하였고, 이 돈의 3분의 2가 유럽에 집중되었다. 중동 지역에 대한 투자는 유전과 광산에 집중되었고, 유럽에 대한 투자는 주로 제조와 유통 분야에 집중되었다.

1960년대는 유럽 기업들의 미국 진출이 본격화된 시기이다. 영국의 코틀즈, 독일의 바이엘, 프랑스의 페시니 같은 기업이 미국에 진출한 것이 바로 이 무렵이다.

오늘날 전 세계의 물자 생산을 좌우하고 있는 것은 바로 다국적 기업이다. 1973년에 라틴 아메리카의 경제학자 호라시오 고도이(Horacio Godoy)는 데탕트의 흐름이 개발도상국에 미치는 영향에 관한 보고서에서 미국에 본사를 두고 있는 140개 다국적 기업의 연간 매출액을 합치면 3,800억 달러에 이르고 이 수치는 미국과 소련을 제외한 그 어떤 나라의 GNP보다도 더 크다는 분석을 한 바 있다.

다국적 기업 중에는 어지간한 규모의 국가에서 창출하는 GNP보다 더 높은 수준의 연간 매출액을 올리는 기업도 있다. 미국 상원 재무위원회의 발표에 의하면, 다국적 기업의 연간 매출액과 각국의 GNP를 비교했을 때 자동차회사 GM은 남아프리카 공화국보다 더 크고, 포드는 오스트리아, 엑슨은 덴마크, IT&T는 포르투갈이나 페루보다 더 크다고 한다. 이는 1970년의 통계치를 활용한 발표이다.

다국적 기업은 자체적으로 정보 네트워크와 여러 대의 항공기, 컴퓨터 시스템을 운용하고 있다. 그들은 국제 외교무대에서 독자적인 영향력을 행사하고 있으며, 자국의 이익에 반하는 행동이더라도 자신에게 이익이 되는 일이라면 기꺼이 행하는 경우도 종종 있다.

일례로 지난 1973년 석유메이저 기업인 엑슨의 임원들은 사우디아라비아에 자신들의 원유정제시설에 관한 기밀정보를 넘겨주었고, 해당 정보는 미군에 공급되던 석유를 차단하는 데 활용되었다.

그런가 하면 IT&T는 칠레의 아옌데 정권을 무력화시킬 것을 요구하며 미국 정치권에 상당한 자금을 제공했는데, 미국으로서는 아옌데 정권을 무력화시켜야 하는 절박한 이유가 없었음에도 그렇게 했다.

다국적 기업이 취하는 행동은 그들이 기업 활동을 하고 있는 국가의 경제정책에 반하는 경우가 많다. 이런 경우 다국적 기업은 아주 강력한 방식으로 반발하는 경우도 있다. 얼마 전 영국 정부에서는 쉘 케미컬스에 그들이 생산하는 화학제품에 대해 50퍼센트까지의 가격상승을 용인할 수 없다는 내용을 통보했는데, 이에 대해 쉘 케미컬스는 그럼 영국 내에서 제품판매를 중단하겠다며 맞받아친 일도 있다.

다국적 기업은 '규모의 경제'와 '첨단기술을 통한 합리화'를 통해 시장에서 경쟁우위를 점하고 있다. 이들은 중소기업보다 훨씬 값싼 비용으로 제품을 생산할 수 있고 최신 첨단기술을 전 세계 사업장에서 동시에 도입할 수 있다.

그들은 한 국가의 사업장에서는 부품생산만 하고, 또 한 국가의 사업장에서는 조립만 하고, 또 한 국가의 사업장에서는 도색과 마무리 작업만 하고, 또 한 국가의 사업장에서는 물류 및 배송만 하는 식으로 각 국가의 경제적 상황을 최대한으로 이용한다.

다국적 기업은 세계 각국의 사업장을 활용하여 대규모 프로젝트를 효율적으로 추진하곤 하는데, 이들의 역량은 종종 일국 정부의 역량을 넘어선다. IBM은 360컴퓨터를 개발하면서 독일, 영국, 미국 등에서 동시에 프로젝트를 추진했다.

다국적 기업이 빠르게 성장해올 수 있었던 이유는 이외에도 여러 가지가 있다.

다국적 기업은 각국의 규제를 회피하여 자신들의 이익을 극대화할 수 있다. 한 국가 내에서만 경영하는 중소규모의 기업은 해당 국가의 규제에 얽매이게 되지만 다국적 기업은 그로부터 자유롭다. 어느 한 국가의 정부가 다국적 기업을 통제하겠다는 것은 펄떡이는 커다란 물고기를 두 손가락으로만 잡겠다는 것과 마찬가지이다.

다국적 기업은 '창조적 회계(creative accounting)' 방식을 활용하여 세율이 가장 낮은 국가에서 최대한의 납세의무를 행하려고 하며, 임금과 사회보장 수준이 가장 낮은 국가에서 최대한의 생산활동을 함으로써 인건비 지출을 최소화하려고 한다. (이와 같은 일을 막기 위해 노동조합도 국제화를 추진하고 있다. 이미 '화학·전력 노동조합연맹' 같은 단체들이 조직되어 활동 중에 있는데, 이들은 각국 노동조합 간의 연대를 추진하고 그들의 활동을 조정한다는 목표를 가지고 있다.)

만약 어느 한 국가의 정부에서 환경오염과 관련된 강력한 규제를 시행한다면 다국적 기업은 해당 국가의 공장을 폐쇄하고 마음껏 강과 공기를 오염시킬 수 있는 다른 국가에 새로이 공장을 지으려 할 것이다. 뿐만 아니라 다국적 기업의 판단에 따라 각국의 자금흐름이 크게 달라질 수 있고, 이는 국가의 정책, 국제수지, 환율을 요동치게 만들 수 있다.

이와 같이 다국적 기업은 국가의 거시경제에 있어 강력한 영향력을 발휘하고 있지만, 1930년대의 대공황 이후 만들어진 여러 가지 경제안정장치에 있어 다국적 기업은 고려 대상이 아니었다.

요동치는 환율

글로벌 경제를 불안정하게 만드는 또 하나의 요인으로 변동환율제를 지적하지 않을 수 없다. 과거에는 금본위제에 의해 각국의 환율이 비교적 안정적으로 움직였으나 지금은 각국 화폐 간의 환율이 시시각각으로 변하고 있다.

산업사회에서는 정보가 일시적으로 증가하고 자산가치의 상호관계에 있어서도 급격하게 변화하는데, 대부분의 국가들이 변동환율제를 도입하면서 국제 금융시스템은 그만큼 불안정해진 것이 사실이다.

제2차 세계대전 이후 유럽경제가 피폐화되면서 미국 달러가 그야말로 화폐의 왕이 되었고, 브레튼우즈체제에 의해 유럽 각국 화폐의 교환가치는 달러에 고정되었다. 환율이 오르내릴 수는 있었지만 그 폭은 지극히 제한적이어서, 1퍼센트 내외에서만 움직일 수 있었다.

그리고 미국 정부는 달러의 가치를 보유하고 있는 금의 양을 기준으로 책정했다. 금 1온스당 35달러라는 가치가 매겨진 것이다.

이렇게 달러의 가치와 달러에 대한 각국 화폐의 교환가치가 고정적으로 정해지면서 각국의 경제주체들은 자신들이 보유하고 있는 돈이 어느 정도의 가치를 지니고 있는지 정확하게 알 수 있었고, 그렇게 계산된 가치에 대해 확신을 가질 수 있었다.

이와 같은 체제의 안정은 글로벌 경제에 대한 미국경제의 압도적인 지배력에 의해서만 유지될 수 있는 것이었다. 즉 다른 자본주의 국가들의 경제가 미국경제에 비해 취약한 상태가 유지되어야 하는 것이다. 하지만 1950년대에 들어 독일, 일본, 프랑스 등을 비롯한 각국의 경제가 되살아나면서 브레튼우즈체제는 더 이상 효과적인 수단이 아니었다. 게다가 미국 기업들의 해외투자가 급격히 증가하면서 미국의 국제수지가 악화되었고, 베트남전에 예상 외로 많은 전쟁비용이 투입되면서 미국경제는 더욱 곤란한 상황에 처하게 되었다.

이와 같은 문제는 이미 십 년 전부터 몇몇 경제학자에 의해 지적되었던 바이다. 마르크스주의자로 알려져 있는 벨기에의 경제학자 에르네스트 만델(Ernest Mandel)은 1965년에 다음과 같은 글을 발표하였다. "오늘날 다른 나라에 대한 미국의 채무는 미국이 보유하고 있는 모든 금의 합보다 더 크다. 만약 전 세계 각국의 중앙은행과 민간은행이 일시에 미국에 대해 채무상환을 요구한다면, 그리고 지불은 미국 달러가 아닌 금으로 해줄 것을 요구한다면 미국은 자신들이 보유하고 있는 모든 금을 다른 나라에 내주어야 할 것이고, 그럼 미국 달러는 붕괴될 것이다."

이것은 옳은 지적이었다. 1971년 8월 15일, 증가하는 인플레이션 압박과 크게 악화된 국제수지, 그리고 달러의 가치 하락 등을 견뎌내지 못한 미국 정부는 금 1온스당 35달러라는 금융체제의 균형을 보증하지 않겠다는 선언을 하기에 이르렀다.

각국의 중앙은행과 국제금융기구, 민간은행에게 이는 큰 충격으로 다가왔고, 외환시장에서의 환율변동을 더 이상 통제할 수 없는 상황에 이르렀다. 결국 그로부터 몇 달 지나지 않아 주요 국가에서는 변동환율제를 도입하게 되었다. 억지로 환율을 고정시킬 수 없었기 때문이다.

전 세계 주요 국가들은 이 문제에 관해 논의하기 위해 회의에 회의를 거듭했으나 국제 외환시장의 불안정성은 계속해서 높아지기만 했다. 환율은 끊임없이 요동쳤고, 여기저기서 변동환율제의 문제점이 지적되었다. 하지만 누구도 이와 같은 새로운 시스템과 그로 인해 형성된 새로운 상황이 어떤 결과를 만들어낼지 제대로 이해하고 있지 못했다. 그러니 발생 가능한 문제에 대한 대비책을 선제적으로 만들어내는 것 또한 불가능한 일이었다.

글로벌 경제가 움직이는 규칙과 그 진행양상은 무척이나 빠른 속도로 변해왔고, 그와 같은 변화는 지금도 진행 중이다. 그 과정에서 세계 각국의 국내 경제 또한 꼬일 대로 꼬여 있는 상황이다. 지금의 글로벌 경제는 글로벌 카지노라고 부를 만하며, 그 글로벌 카지노는 판돈은 높아지고 승률은 낮아지고 있는 상황이다.

에너지 자원과 공포심

TOFFLER

TOFFLER

TOFFLER

새로이 출현한 경제주체, 훨씬 더 거대해진 다국적 기업과 은행, 노동조합,
자원수출국의 카르텔, 통제되지 않는 방대한 양의 화폐, 고정환율제에서
변동환율제로의 전환, 인구 폭발, 새로운 첨단기술, 핵심 사회시스템의 오류,
사회구성원의 급격한 심리변화 등으로 인해
가까운 미래에 발생할지 모르는 경제위기는 심각한 양상으로 전개될 가능성이 크다.

지금 전 세계에서 경제적으로 가장 주목받는 사람들은 오일머니를 쓸어 담고 있는 중동의 토후국들이다. 글로벌 금융시스템의 역사상 그 어떤 집단도 최근의 중동 토후국만큼 빠르고 정확하게 자신들이 취할 수 있는 금융전리품을 취한 집단은 없으며, 그들로 인해 지금 전 세계의 금융시스템이 크게 요동치고 있다.

넘쳐나는 오일머니

오늘날 산업국가에서 절대적으로 의존하고 있는 단 하나의 자원이 있다면 그것은 바로 석유이다. 미래의 새로운 사회는 다양한 문화를 수용하는 것만큼이나 다양한 에너지원을 활용하는 쪽으로 발전해야 할 것이다.

우리는 여전히 대부분의 에너지 소비를 화석연료에 의존하고 있지만, 요 몇 년 사이 대체에너지 분야에서는 큰 발전이 이루어졌다. 태양, 바람, 지열 등의 새로운 에너지원을 상업적으로 이용할 수 있는 수준에 이른 것이다. 이는 전 세계의 많은 기업들이 화석연료에 대한 과도한 의존이 가져올 수 있는 위험과 대체에너지에 잠재된 상업적 기회를 인식하게 되었기 때문이다(토플러, 2009년).

그러나 그렇게 되기까지 전 세계의 금융시스템은 상당한 불균형과 그로 인한 혼란을 겪게 될 것이다. 국제수지의 균형을 유지하기 위해서는 오일머니를 다른 국가로 다시 순환시켜야 하는데 이는 결코 쉬운 일이 아니다.

중동의 소수 토후국에게로 전 세계 돈이 집중되는 현상은 1930년대에는 없던 현상이다. 이에 관해 경제학자 게리 시버스(Gary Seevers)는 이렇게 말한다. "이와 같은 문제는 대다수의 경제학자들이 불과 10년, 아니 5년 전까지만 하더라도 상상하지 못했던 일이다."

1973년 중동 국가들을 비롯한 전 세계 여러 산유국들은 수년 동안의 노력 끝에 자신들만의 카르텔을 조직하는 데 성공했고, 이를 기반으로 불과 15개월 만에 유가를 400퍼센트나 끌어올렸다. 그야말로 중동에는 돈이 넘쳐났다.

1974년 7월 세계은행 발표 자료에 의하면, 석유 수출국들은 1980년까지 6,530억 달러, 1985년까지 1조 2,000억 달러의 돈을 벌어들일 것으로 전망한다.

물론 이는 석유파동으로 인한 위기감이 한창 고조되던 때에 나온 추정치이고, 나중에 미국 재무부에서는 석유 수출국들이 1980년까지 2,000억~2,500억 달러의 돈을 벌어들일 것으로 전망했다.

그나마 미국 재무부의 추정치가 옳다면 이 정도의 돈은 글로벌 금융시스템이 충분히 통제할 수 있을 것이다. 즉 금융시스템의 붕괴 없이 오일머니를 순환시키고 국제수지의 균형을 유지하는 일이 가능할 것이라는 이야기이다.

순수 에너지의 가치

많은 경제학자들이 이와 같은 추정치가 옳은 것인지, 오일머니를 순환시켜 국제수지의 균형을 유지할 수 있는 방법이 있는지 등에 관해 논쟁을 벌이고 있지만, 정작 중요한 문제를 간과하고 있다.

바로 '순수(純粹) 에너지(net energy)에 관한 것으로, 이는 유가상승과 오일머니에 관한 모든 논쟁을 무의미한 것으로 만들어버릴 수 있을 정도로 중요한 개념이다.

순수 에너지란 환경공학자인 하워드 오덤(Howard Odum) 박사가 1973년 스웨덴 왕립학술원에서 발표한 논문을 통해 공식적으로 세상에 알려졌다. 이전까지 대부분의 에너지전문가와 경제전문가들은 인류가 석유나 다른 에너지 자원을 앞으로 얼마나 더 사용할 수 있는지에 대해서 단순히 자원의 추정 매장량만을 언급했었다. 리비아, 루이지애나, 북해 등에 매장되어 있는 것으로 추정되는 석유의 양, 그리고 로키산맥에 매장되어 있는 것으로 추정되는 석탄의 양을 모두 다 사용할 수 있다는 가정 하에 논의를 진행해온 것이다.

매장량 추정치가 옳은 것인지의 여부는 차치하더라도 에너지 자원을 얻기 위해서는 상당한 양의 에너지를 소비해야 한다는 점을 고려해야 한다. 순수 에너지라는 개념을 통해 하워드 오덤이 지적했던 것이 바로 이것이다. 석유를 끌어올리고, 석탄을 캐내고, 원자력발전소를 지을 때에도 모두 에너지가 소비된다.

이는 우리가 사용할 수 있는 실제 에너지는 매장량에 훨씬 더 못 미친다는 것을 의미한다. 게다가 앞으로는 점점 더 깊은 곳에서 석유와 석탄을 채굴해야 하기 때문에 에너지를 얻는 데 소비되는 에너지의 양은 급속하게 증가할 것이고, 시간이 흐를수록 우리가 사용할 수 있는 실제 에너지, 즉 순수 에너지의 양은 급속하게 줄어들 것이다.

에너지를 얻는 데 소비되는 에너지의 양을 무시하고 단지 매장되어 있을 것으로 추정되는 모든 에너지의 양을 가용 에너지로 여기는 것은 기업의 매출액 전부를 순이익으로 여기는 것과 마찬가지의 일이다.

순수 에너지의 양이 어느 정도인지는 정확히 알 수 없다. 하지만 지난 한 세대 동안, 좀 더 구체적으로 말하면 1930년대 대공황 이후 오늘에 이르기까지 순수 에너지의 양은 계속해서 줄어들었을 것이다. 그리고 아직 땅속에 남아 있는 순수 에너지의 가치는 올라갔을 것이다.

미국 지질조사연구소의 킹 허버트(King Hubbert) 박사는 석유를 채굴하기 위해 1피트만큼 지하로 내려갈수록 채굴에 더 많은 에너지가 소비되는 반면에 채굴량은 더 줄어든다는 점을 지적하였다. 1930년대 미국에서는 유전을 1피트만 채굴하더라도 275~300배럴의 석유를 얻을 수 있었다. 그러나 1970년에 이르러 그 수치는 20~30배럴 수준으로 추락했다.

지금 석유 채굴의 효율이 그만큼 떨어졌지만 몇몇 자원전문가에 의하면, (그동안 유가가 그토록 크게 상승했어도) 아직은 석유가 같은 양의 에너지를 이끌어내는 데 있어 석탄이나 원자력에 비해 더 적은 양의 에너지를 소비하고 있다고 한다. 어쩌면 이것이 유가가 더 큰 폭으로 상승할 수 있다는 의미일 수도 있다.

하워드 오덤은 최근의 인플레이션 현상은 순수 에너지의 가격이 상승하면서 발생하는 현상이라고 주장한다. 그러면서 그는 순수 에너지의 가격 상승은 구조적인 것이며, 앞으로 더욱 빠른 속도로 진행될 것이라고 한다.

자원과 경제 사이의 상관관계에 대해 논하는 것은 이 책의 주제가 아니기 때문에 이에 관한 논의는 이쯤에서 정리하도록 하겠다. 미래에는 대체에너지의 사용이 활성화되면서 이러한 문제가 어느 정도 해결될 수 있을 것이다.

어쨌든 여기서는 지금의 경제환경은 1930년대 대공황 시절의 그것과 크게 다르고, 그렇기 때문에 당시의 경험을 토대로 만들어진 여러 가지 경제안정장치들이 무용지물이 될 수 있다는 점을 인식하는 것으로 충분하다.

공급부족 사태

1930년대 대공황 당시 상황과 그로부터 40여 년이 지난 오늘날의 상황을 극명하게 대별해주는 만평이 하나 있다. 1931년 1월 11일자 〈세인트루이스 포스트 디스패치*St. Louis Post-Dispatch*〉에 실렸던 피츠패트릭(Fitzpatrick)의 세 칸짜리 만평이다.

그 만평의 맨 위 첫 번째 그림에는 하늘 높이 석유를 뿜어내는 석유채굴기가 그려져 있고, 그 밑에는 '석유의 과잉'이라는 문구가 있다. 만평의 두 번째 그림에는 너무나도 많은 양의 곡물을 저장하고 있어서 꼭 터져버릴 것만 같은 곡물창고가 그려져 있고, 그 밑에는 '밀의 과잉'이라는 문구가 있다. 마지막 세 번째 그림에는 수프를 배급받기 위해 길게 줄을 서있는 사람들이 그려져 있고, 그 밑에는 '빈곤의 과잉'이라는 문구가 있다.

1930년대 대공황 당시 경제전문가와 정치인들은 기업들이 생산한 제품이 팔리지 않고 재고로 남으니까 어떻게 해서라도 사람들의 손에 구매력을 쥐어주려고 노력했었다.

오늘날의 상황은 그와는 정반대가 되었다. 경제학자 레너드 실크(Leonard Silk)는 우리가 처해 있는 경제상황에 대해서 이렇게 설명했다. "지금의 경제위기는 수요부족에 기인한 게 아니라 공급부족에 기인하고 있다. 식량공급이 부족해서 식량 가격이 치솟고, 석유공급이 부족해서 에너지 가격이 치솟는 것이 바로 지금의 문제이다."

1930년대에 비해 인구수가 거의 두 배로 증가하면서 그만큼 식량이나 자원의 소비량도 증가했다. 인구수와 자원 소비량 사이의 상관관계는 학술적인 연구를 통해 드러나는 것보다 훨씬 더 복잡한 구조를 지니고 있으며, 여기에는 가치관, 정치역학, 사회계층, 종교, 문화 등의 요인들이 미치는 영향도 상당히 크다.

인구의 증가속도가 식량의 증가속도보다 훨씬 더 빠를 수밖에 없고, 결국 인류는 식량부족문제를 겪을 것이라는 멜서스 이론은 인간이 문제를 해결해나갈 것이라는 핵심적인 요소가 배제되어 있기 때문에 옳지 않은 것으로 판명이 난 바 있다. 그러나 식량생산량은 지속적으로 변하게 마련이고, 분명 그 과정에서 식량부족사태를 겪게 될 수도 있다. 보크사이트, 구리, 납, 크롬, 망간, 마그네슘 같은 자원도 공급부족이 발생할 수 있다.

1930년대만 하더라도 아직은 식민지 시대였다. 그러나 오늘날의 세계는 완전히 새로운 정치질서에 의해 움직이고 있다. 산업국가라고 해서 제3세계의 자원이나 노동력을 예전과 같이 쉽고 싸게 이용할 수 없게 된 것이다.

1930년대와 비교해보면 국가들 간의 역학관계도 완전히 뒤바뀐 셈이다. 게다가 자본주의 국가든 공산주의 국가든 산업국가들은 국제사회에서 점차 힘을 잃어가고 있는 추세이며, 이와 같은 추세를 무력으로 되돌릴 수 있는 시대도 지나버렸다. 이는 단순히 좌익혁명세력이나 이상주의자집단의 꿈이 아니라 이미 현실이 되어 있다.

산업국가의 지식인들도 이러한 상황을 인정하기 시작했다. 일례로 미국 상공회의소의 수석 이코노미스트 칼 매든(Carl Madden)은 "우리는 지금 커다란 변혁을 거치고 있는 중입니다. 특히 국제무대의 힘은 산업국가에서 자원을 보유하고 있는 국가 쪽으로 이동하고 있습니다"라고 말했다.

1920년대와 1930년대에 활동하던 식민지 해방전사들도 세상이 이 정도로 달라질 것이라고는 꿈도 꾸지 못했을 것이다.

복잡성과 속도의 폭발

미래의 경제위기가 과거의 경제위기와 다를 것이라고 유추할 수 있는 근거는 단지 경제상황이 변했기 때문만은 아니다. 여기에는 심리사회적인 요인도 작용한다. 대표적으로 이에 관한 두 가지 요인에 대해서 이야기하고자 한다.

첫째, 고도로 산업화된 모든 국가에서 사회적 다양성이 크게 증가했다. 1930년대 대공황 당시에는 없던 직업들이 많이 생겨났고, 이(異)문화집단과 훨씬 더 많은 이해집단과 정치세력들이 생겨났다. 지역 간 갈등도 훨씬 심해져 같은 국가 내에서도 통합과는 먼 방향으로의 양상이 전개되고 있다.

예컨대 영국에서는 스코틀랜드 사람들과 웨일스 사람들이 중앙정부에 대해 자치권을 요구하고 있고, 벨기에의 경우는 고속도로를 달리다 보면 곳곳에서 "지방자치를 요구한다!"는 팻말을 발견할 수 있다. 프랑스에서는 코르시카 사람들과 브르타뉴 사람들이 공공연히 분리독립에 대해 말하고 있다. 캐나다에서는 퀘벡 사람들과 브리티시 콜럼비아 사람들이 자신들은 캐나다와는 다른 국가를 형성해야 한다고 말한다. 미국에서도 새로운 양상의 다원주의가 대두되면서 연방제에 균열이 생기기 시작했다.

1930년대만 하더라도 각국에서는 통합이나 획일성이 강조되었다. 하지만 지금은 다양성이 강조되고 있으며, 이러한 강력하고도 새로운 변화의 흐름으로 인해 경제 역시 복잡한 양상으로 분화되고 있는 중이다.

과거의 산업주의가 획일적인 문화를 기반으로 발전했다면 앞으로는 다양성의 문화가 초산업주의를 이끌어낼 것이다. 획일적인 문화와 다양성의 문화는 경제위기에 대응하는 방식 역시 서로 다르다.

미래의 경제위기 양상이 지금과 다를 것이라고 유추할 수 있는 두 번째 심리사회적 요인은 사회시스템의 가동속도가 무척이나 빨라졌다는 점을 들 수 있다. 사람들이 이를 인지하든 인지하지 못하든 관계없이 시간이 흐를수록 경제시스템은 물론이고 정치시스템도 더 빠르게 움직이고 있다. 통신수단과 교통수단의 발달로 인해 기업 간의 거래 속도와 경제변화에 대한 정부의 대응속도가 모두 빨라지고 있는 것이다. 위기의 파국효과 역시 훨씬 더 빠르게 전파될 것이다. 미래의 경제위기는 아마 1930년대의 경제위기보다 몇 배는 더 빠른 속도로 진행될 것이다.

내 책《미래 쇼크Future Shock》에서 나는 기술과 사회변화의 속도가 크게 빨라지면서 개인과 기업이 심각한 혼란에 빠지게 될 것이라고 전망했었다. 이제 그와 같은 현상은 경제 전반으로 확산되고 있는 중이다.

이와 관련하여〈포춘〉은 "지금의 위기가 너무 빠른 속도로 확산되고 있다"고 우려의 목소리를 나타냈고,〈비즈니스 위크〉도 부채의 증가속도가 너무 빠르다며 "빚더미 경제에 있어 정말로 충격적인 것은 빚더미가 늘어나는 속도이다"라고 지적했다.

유로달러의 규모가 늘어나는 속도 역시 우려할 만하다. 1960년대 중반만 하더라도 유리달러의 규모는 연간 25퍼센트 정도 증가했으나 1969년에 이르러 이 수치는 50퍼센트까지 폭발적으로 증가했다. 최근 들어 유로달러 규모의 증가속도는 다소 떨어진 상태이지만, 그래도 해마다 40퍼센트에 가까운 폭으로 그 규모가 늘어나고 있다.

이 정도라면 속도 그 자체가 문제시된다. 어느 분야든 이 정도의 속도로 변화가 발생하면 여기저기서 충돌이 발생하게 마련이다. 더욱이 유로달러는 전자통신의 속도만큼이나 빠르게 각국의 국경을 넘나들고 있다.

경제전문가 제인 리틀(Jane Little)은 엄청난 액수의 유로달러가 엄청난 속도로 나라와 나라 사이를 오가고 있으며, 이는 각국의 중앙은행에 있어 심각한 골칫거리로 떠올랐다는 점을 지적한다. 그는 스웨덴 정도의 국가에서 유통되는 전체 화폐량의 3분의 1에 해당되는 돈이 하룻밤 사이에 다른 나라로 빠져나갈 수 있다고 했다.

〈비즈니스 위크〉 역시 이러한 사실을 지적하며 이는 '금융권의 재앙적인 붕괴'를 유발할 수 있다고 경고한다.

지금 여유자금을 보유하고 있는 기업들은 일 단위로 대출과 회수를 반복하고 있고, 각국의 연기금 포트폴리오는 수시로 바뀌고 있다. 미국 피츠버그에 본사를 두고 있는 한 제조기업의 홍보 책임자는 이런 말을 하기도 했다. "지금과 같은 시장환경에서 가만히 있다가는 그대로 학살당할 겁니다."

돈의 흐름만이 아니라 기업의 계획, 인사이동, 기업들 간의 관계 역시 전보다 훨씬 더 빠른 속도로 변하고 있다. 미국 광고업계를 예로 들면, 1974년 한 해에만 금액 기준으로 26퍼센트의 광고주들이 광고사를 바꾸었는데, 그로 인해 광고업계의 기업순위도 요동치고 있다. 왜 그와 같은 일이 발생했는지는 자동차기업들의 상황을 보면 알 수 있다.

그전까지 미국 자동차기업들은 일 년치 광고계획을 미리 수립해놓고 느긋하게 광고를 집행했었다. 그러나 오늘날 대부분의 미국 자동차기업들은 60일을 기준으로 광고계획을 수립하고 있다.

그런가 하면 영국 노동부에서는 매달 30만 명에서 35만 명의 근로자들이 고용과 실직상태를 오가고 있다고 발표했는데, 고용상태에 있는 전체 사람의 수를 고려했을 때 이는 무척이나 큰 수치이다.

이처럼 분야를 가리지 않고 변화와 이동의 속도가 빨라지면서 개인과 조직이 처해 있는 상황이 불안정해지고 있다.

다양성의 증가로 사회시스템이 복잡해지고 있고, 그와 동시에 사회시스템의 가동속도가 빨라지고 있다. 복잡성과 속도, 이 두 가지 요인이 한꺼번에 증가하면서 그 부정적인 파급효과도 그야말로 폭발적으로 늘어나고 있다.

시스템의 과부하

과부하가 걸려 제대로 작동하지 않는 사회시스템도 지금의 경제위기에 일조하고 있다. 고도로 산업화된 사회가 제대로 작동하기 위해서는 사회시스템이 정보, 에너지, 돈을 빠르고도 정확하게 순환시켜야 한다. 그런데 지금의 사회시스템은 그러한 기능을 제대로 수행하지 못하고 있다. 사회시스템이 비효율적이고 부정확한 것이다.

그전까지는 1930년대식의 경제위기가 발생하면 제품이 팔리지 않고 남아도는 공급과잉의 문제가 뒤따라 발생했고, 인플레이션 상황이 발생하면 수요통제가 되지 않는 것이 일반적인 현상이었다. 그런데 지금은 이 두 가지 현상이 복합적으로 발생하고 있다.

이로 인해 각국의 대통령이나 총리는 세금인상에 대해 말하다가 몇 주 뒤에 다시 세금인하에 대해 말하는 식으로 우왕좌왕하는 모습을 보이고 있다.

소비자들도 마찬가지여서 하루는 "인플레이션을 이겨내기 위해서는 한 푼이라도 아껴서 지출하고, 반드시 필요한 게 아니라면 소비를 하지 말아야 한다"는 말을 들었다가, 또 하루는 "소비를 하는 게 나라를 위하는 일이다"라는 말을 듣고 있다.

지금은 경제의 마지노 요새를 지키는 사람들조차 어디에 대포를 쏘아야 하는지 갈피를 잡지 못하고 포탑만 이리저리 돌려대고 있는 형국이다.

주식시장의 가장 큰 특징이 무엇이냐는 질문에 대해 J. P. 모건(Morgan)이 "출렁인다는 것이겠죠"라고 답했다는 일화가 생각난다. 얼마 전 경제전문지 〈파이낸셜 월드*Financial World*〉의 발행인 로버트 윈거튼(Robert Weingarten)은 '출렁이는 쇼크'라는 제목의 기고문을 통해 다음과 같이 말한 바 있다. "지금 주식시장의 변동폭은 몇 달 동안의 상승분이 몇 주 혹은 며칠, 혹은 몇 시간 만에 모두 무너져버리릴 정도로. 확대되어 있다. 미래에 발생할 수도 있는 사건이 주가에 이토록 즉각적으로 반영되는 것을 보면 그저 놀라울 뿐이다. 이와 같은 상황이 좀 더 심화된다면 다음 주까지 21세기에 일어날 수 있는 일련의 사건들이 모두 주가에 반영될지도 모를 일이다."

지각 있는 사람이라면 극단적으로 짧은 기간 내에 이루어지는 주가의 폭등은 주가의 폭락만큼이나 두려워해야 한다. 주가 폭등이라 하더라도 이는 시장이 불안정하다는 신호가 되기 때문이다. 가격의 급격한 오르내림은 주식시장만의 현상이 아니라 일반 상품시장에서도 나타나는 현상인데, 이 때문에 상품거래인들 역시 혼란을 겪고 있다.

이에 관해 경제전문지 〈배런스Barrons〉는 이렇게 말한다. "많은 상품거래인들이 시장이 상대적으로 안정적이었고 가격도 괜찮았던 과거를(그런데 괜찮은 가격이 어느 정도를 의미하는 것일까?), 그러니까 3년 전 정도의 시장을 그리워하고 있다. 그들은 극도로 높은 변동성에 당혹해하고 있다. … 그리고 가격 폭등에 대해서도 경계하고 있는 실정이다. 얼마 전까지만 하더라도 그들은 옥수수 가격이 단지 3센트만 움직여도 크게 흥분하곤 했었다. 그러나 지금은 가격제한 폭까지 오르내리는 일이 일상적인 일이 되어버렸고, 그러한 일이 일어나더라도 흥분하지 않는다. 다만 이제는 공포심을 느끼고 있을 뿐이다."

역사를 되돌아봤을 때 가격의 급격한 오르내림 뒤에는 종종 심각한 위기가 발생했기 때문에 이와 같은 공포심은 어찌 보면 당연한 것이다. 게다가 지금은 사회시스템 곳곳에서 불안정한 움직임이 감지되고 있다. 우편 서비스, 의료 서비스, 교통, 치안, 위생 등의 분야에서 중대한 문제들이 터져 나오며 사람들 사이에 불안을 유발하고 있다.

사회시스템은 너무나도 복잡하고 그 구성 요소들이 치밀하게 연계되어 있기 때문에 문제가 발생하면 그것이 매우 심각한 양상으로 확대될 가능성이 크다.

시스템 애널리스트 로베르토 바카(Roberto Vacca)는 자신의 책《다가오는 암흑시대The Coming Dark Age》에서 이렇게 말했다. "경제적으로 비효율적인 거대 시스템들은 불안정한 상태까지 팽창을 거듭한 다음 파국을 맞이하게 될 것이다. 그 이후 발생하는 시스템의 붕괴는 팽창의 속도만큼이나 빠르게 진행될 것이고, 그럼 재앙적인 사건들이 연쇄적으로 발생할 것이다."

로베르토 바카는 임계점에 다다른 시스템이 붕괴되기 시작하면 심각한 문제들이 복합적으로 발생하고, 결국에는 사회 전체가 파멸에 이르게 될 것이라고 전망한다. 바카의 이 책은 지난 십 년 동안 출간된 가장 우울한 책 가운데 하나일 것이다.

실제로 이와 같은 저자의 분석이 현실이 될 수 있음을 보여준 사태가 일어나기도 했다. 1965년 캐나다 남부에서 뉴욕에 이르기까지 광범위한 지역에 오랜 시간 동안 정전사태가 발생하면서 세상이 온통 암흑천지가 되었던 일이 있다.

사람들이 '대정전'이라고 이름 붙였던 사건인데, 정전사태가 발생하자 수도가 끊겼고, 전화가 불통되었고, 물류체계가 엉망이 되면서 도시로의 연료공급이 중단되었다.

이로 인해 미국 북동부의 대도시들은 아비규환의 상황이었다. 거리에는 멈추어선 자동차로 가득했고, 사람들은 물과 음식을 구할 수 없었다. 전기와 물과 산소를 구할 수 없었던 병원들은 환자들을 치료하지 못했다. 텔레비전과 라디오의 전파송출이 중단되었음은 물론이다.

로베르토 바카는 사회시스템이 붕괴되면 수천만 명의 시민들이 사망할 것이며, 이런 사태는 방글라데시나 인도 같은 나라가 아니라 거대 시스템에 전적으로 의존하고 있는 고도 산업국가에서 벌어질 것이라고 전망한다.

공포에 빠진 사람들

사태의 발생 가능성을 믿는 것은 개인이 판단할 문제이지만, 어쨌든 1930년대는 지금보다 훨씬 더 단순한 시스템에 의해 느린 속도로 사회가 움직이던 시기였다. 당시에는 평범한 보통 사람도, 심지어 식량배급소에 생계를 의지하던 사람들조차 자신이 지금 사회구조 속 어느 위치에서 무엇을 하고 있는지 알고 있었다.

하지만 지금은 사회구성요소들이 너무나도 다양해지고, 사회가 너무나도 빠른 속도로 변하고 있고, 개인의 앞에 놓여 있는 선택이 너무 많기 때문에 혼란스럽다.

수많은 사회구성원들이 무엇을 해야 할지, 그리고 어디에 마음을 두어야 할지 모르고 있으며, 이로 인해 선택 자체를 스스로 포기하고 있는 실정이다. 사회구성원들이 지니고 있는 이와 같은 심리상태는 그대로 경제에 영향을 미친다.

영국 하원의원이자 유럽평의회 부의장인 레이먼드 플레처(Raymond Fletcher)는 이렇게 말한다. "나는 인플레이션이 발생하는 원인에 관한 경제학자들의 주류 의견을 받아들이지 않습니다. … 나는 경제위기가 사회적인 문제들을 유발한다고 생각하지 않습니다. 오히려 사회에서 발생한 수많은 문제들이 경제위기를 유발한다고 생각합니다.

미래에 발생할 위기는 이렇게 시작될 것입니다. 사람들은 발생 가능한 일에 대해 너무 앞서 나갑니다. 그래서 쏠림현상이 발생하고, 여기서 바로 공포심이 형성됩니다. 공포에 빠진 사람들은 확실해 보이는 것은 무엇이라도 지금 당장 확보해두려고 합니다. 그렇게 하지 않으면 자신들에게는 영원히 기회가 오지 않을 것만 같으니까요.

지금 영국 사람들이 설탕 사재기를 하고 있는 것도 이러한 이유에서입니다. 영국 사람들은 지금 유럽 본토로 달려가 설탕을 12파운드, 24파운드씩 사들고 오고 있습니다. 프랑스 서쪽 끝에 있는 항구도시 칼레는 이미 영국 사람들에 의해 상점 물건이 동났다고 합니다. 모든 사람들이 더 많은 물건을 확보해두려 하고 있습니다.

사실 우리 인간의 이와 같은 탐욕은 발전의 원동력이 되어왔지만, 지금의 탐욕은 미래에 대한 불안감으로부터 기인하고 있습니다. 뭐라도 손에 걸리는 것은 붙잡아두려고 하는 거죠. … 정통 경제학적인 이론보다 이와 같은 현상이 인플레이션의 발생 원인을 더 잘 설명해주고 있습니다."

　새로이 출현한 경제주체, 훨씬 더 거대해진 다국적 기업과 은행, 노동조합, 자원수출국의 카르텔, 통제되지 않는 방대한 양의 화폐, 고정환율제에서 변동환율제로의 전환, 인구 폭발, 새로운 첨단기술, 핵심 사회시스템의 오류, 사회구성원의 급격한 심리변화 등의 요인으로 인해 가까운 미래에 발생할지 모르는 경제위기는 심각한 양상으로 전개될 가능성이 크다.

유효기간이 지나버린 경제관념들

TOFFLER

TOFFLER

TOFFLER

우리가 지금 어떤 상황에 처해 있는지를 파악하고 앞으로 무엇을 해야 하는지를
올바르게 판단하기 위해서는 경제학이 초산업혁명의 두 가지 핵심적인 특징에 대해
관심을 가져야 한다. 하나는 유례가 없는 큰 폭의 사회변화이고,
다른 하나는 사회변화의 엄청난 가속도이다. 미래의 경제학은
지금 우리가 알고 있는 경제학과는 완전히 다른, 훨씬 더 포괄적인 것이어야 한다.

　　새로운 경제현실을 직시하기 위해서는 먼저 전통적인 경제학 가운데 더 이상 유효하지 않은 낡은 관념들을 깨뜨려야 한다.
　이 책의 중반부에서 미래의 경제위기와 관련된 몇 가지 발생 가능한 시나리오에 대해 논하려고 하는데, 그에 앞서 이번 장에서는 우리가 당연하게 받아들이고 있지만 이미 유효기간이 지나버린 몇 가지 경제관념에 관해 논할 것이다.

경제는 폐쇄적인 시스템이 아니다

　우선 인플레이션 문제에 대한 접근 방식부터 살펴보자. 좌파와 우파를 대표한다는 사람들은 인플레이션의 원인이 기업의 과도한 이익 혹은 근로자의 지나치게 높은 임금상승에 있다는 서로 상반된 주장을 끊임없이 제기한다. 이외에도 관리가격의 부작용, 과도한 정부지출, 통화정책의 실패, 시장의 초과수요, 완전고용정책 같은 원인들이 제기되고 있으며, 각각의 주장을 뒷받침하는 방대한 양의 논문이 발표되어 있다.

그런데 이렇게 제기되는 대부분의 주장은 30년 전에는 적절한 것이었을지 몰라도 지금은 그렇지 않다. 지난 30년 동안 경제학자들은 달라진 문제에 대해 달라진 개념으로 접근한 게 아니라 단지 접근방식을 약간 보완하는 정도로만 그쳤을 뿐이다.

얼마 전부터 인플레이션의 원인으로 관심이 집중되고 있는 것이 하나 있다. 아랍 산유국들의 석유 카르텔로 인한 업계의 담합이 그것이다.

생전 처음 인플레이션을 겪고 있는 사람들 중에는 인플레이션이 이슬람의 발명품이라는 생각을 가지고 있는 이들도 있다. 숫자 '0'의 개념이나 벨리 댄스와 같이 인플레이션을 만들어낸 사람 역시 이슬람인이라고 생각하는 것이다.

하지만 한쪽에서는 유가 상승의 원인으로 인구수와 석유 잔존량 사이의 상관관계가 주목받기 시작했다. 인구가 늘어나고 더 많은 석유가 소비될수록 유가는 올라갈 수밖에 없다는 것이다. 그러나 아직까지는 석유 잔존량이나 순수 에너지 같은 개념에 귀 기울이거나, 이러한 요소들을 자신의 모델에 도입하는 경제학자가 거의 없는 실정이다.

대부분의 경제학자들은 경제문제의 원인을 찾을 때 그 대상을 경제적인 것으로만 한정한다. 사회의 가치관, 취향, 성(性)과 관련된 행동, 종교관, 문화양식, 가족구조, 사회조직 형태 등의 변화가 경제문제와는 아무런 상관이 없는 것처럼 취급하는 것이다.

그들은 언제나 인플레이션 문제에 대해 접근할 때 자신들이 창조한 '통제 가능한 모델' 내에서 해당 문제를 이해하려고 해왔다. 그 외의 다른 경제문제에 대해서도 마찬가지이다.

하지만 현실은 그와 같은 모델 내에서만 이루어지는 게 아니다. 단도직입적으로 말해 경제는 닫혀 있는 시스템 혹은 폐쇄적인 시스템이 아니다.

노동 전문화의 효율성 한계

나는 언제나 우리 시대의 가장 큰 변화는 빠른 속도로 광범위하게 진행되어온 사회적·문화적 다양성이라고 주장해왔다. 얼마 전까지만 하더라도 획일적이던 사회가 다양성을 갖춘 사회로 분화되고 있으며, 이는 그대로 경제학에도 영향을 미친다.

애덤 스미스(Adam Smith) 이후 경제학자들은 무엇이든 전문화하는 것이 더 효율적인 방식이라고 말해왔다. 폴 새뮤얼슨(Paul Samuelson)이 말한 것처럼 "뚱뚱한 사람들은 낚시를 하고, 마른 사람들은 사냥을 하고, 머리가 좋은 사람들은 약품을 만드는 것이 더 나은 방법이"라고 믿는 것이다.

지금까지 산업사회는 지속적으로 업무를 세분화하고 한 명의 근로자가 담당하는 업무의 범위를 최소한으로 좁히려고 해왔다. 그러면서 그 역효과는 근로자 간의 소외감 정도로만 이해했다.

폴 새뮤얼슨은 이에 대해서 이렇게 말한다. "노동의 전문화가 약간의 사회적 비용을 초래할 수는 있다. 사무직 직원들이 빈혈에 걸린다든지, 단순노동자들이 무식해진다든지, 사회적으로 단절이 발생한다든지 하는 문제들로 인한 비용 말이다."

대다수 경제학자들은 사회 전체의 효율성이 높아지면 더 큰 발전을 이루어낼 수 있기 때문에 이 정도의 비용은 감수할 수 있다고 생각했다.

경제학자들은 노동의 전문화를 통한 효율성의 제고라는 것이 한계에 부딪힐 수 있다는 생각에 대해서는 별로 주목하지 않았다. 어쩌면 우리는 이미, 적어도 몇몇 분야에서는 노동의 전문화를 통해 더 이상의 효율성 제고를 이끌어낼 수 없는 상황에 이르렀는지도 모른다.

근로자의 업무를 아무리 좁은 범위로 좁힌다 하더라도 근로자들은 최소한 두 가지 서로 다른 성격의 업무를 수행해야 한다. 하나는 근로자에게 부여된 고유업무이고, 다른 하나는 전체적인 업무 프로세스에 관여하는 다른 사람과의 연락업무이다.

단순히 도랑만 파는 사람, 베를 짜는 사람, 실을 잣는 사람, 부두에서 짐을 나르는 사람도 연락업무에 일정 수준 이상의 시간과 노력을 투입해야 한다. 화학자나 엔지니어 같은 사람도 두말할 나위가 없을 것이다.

공사현장에서 삽질만 하는 사람도 다른 동료에게 "거기 왼쪽에

조금 더 깊게 파줘" 혹은 "다 쉬었으면 이제 다시 일을 하자고"와 같은 말을 할 것이다. 내용이 조금 더 복잡하거나 단순할 수는 있어도 업무를 수행하는 사람들은 다른 누군가와 이렇게 의견과 정보를 교환해야 한다.

그런데 사회의 다양성이 커지고 복잡해질수록 이 두 가지 성격의 업무 사이에 유지되던 균형도 변하기 시작한다. 연락업무의 비중이 더 커지는 것이다. 오늘날 서류업무를 담당하는 근로자, 예컨대 일반 사무원, 영업사원, 업무지원 담당자, 기획 담당자, 과장이나 부장 같은 중간 관리자의 수가 크게 늘어나고 있는 것도 바로 이 때문이다.

기업 내에서 지식과 정보를 교환하는 업무의 중요성은 계속해서 높아지고 있으며, 이런 추세로 인해 직업 구조와 더불어 기업이 원하는 직원의 성격적 특성 역시 변하고 있다. 구조적 변화로는 블루칼라 직종이 줄어들고 있는 반면 화이트칼라 직종이 늘어나고 있고, 직원의 성격적 특성으로는 다른 사람과 '잘 지낼 줄 아는' 사람이 가치 있는 인재로 여겨지고 있다.

사회의 다양화가 경제에 미치는 영향

화이트칼라 직종의 빠른 증가와 데이비드 리스먼(David Riesman)이 명명한 '타인 지향성(other-directedness)'이라는 현상을 제대로 이해하기 위해서는 이와 같은 현상을 단순히 경제적인 관점에서만 볼 게 아니라 사회의 다양화라는 관점에서도 봐야 한다.

직업의 세분화와 전문화를 통해 더 큰 사회발전이 이루어질수록 더 다양한 사람들이 생겨난다. 이는 전에 없던 새로운 생활양식, 새로운 하위문화, 사회적 소수자, 새로운 종교, 새로운 동호회 등의 탄생으로 이어지고, 더 다양한 제품이나 서비스에 대한 수요 창출로 이어진다.

존 케네스 갤브레이스(John Kenneth Galbraith)나 헤르베르트 마르쿠제(Herbert Marcuse) 같은 현대의 자본주의 비판론자들은 수요의 다양화라는 것이 결국은 자본가에 의한 소비자 기만일 뿐이라는 의견을 제시한다. 어느 정도까지는 옳은 의견이라고 생각한다.

그러나 수요의 다양화라는 것은 근본적으로 사회시스템의 변화에 의해 유발된 결과이다. 획일화된 산업사회로부터 벗어나 사회가 고도화되고 사람들이 향유하는 문화가 다양해지면서 필연적으로 나타나는 결과인 것이다.

더 다양한 제품이나 서비스에 대한 새로운 수요가 창출되면서 새로운 업무프로세스가 필요해지고, 블루칼라와 화이트칼라 직종 모두에 있어 새로운 직무가 생겨나고, 하나의 기업 내에 서로 다른 직무를 수행하는 더 많은 사람들이 모여들게 된다.

그리고 이는 기업에 있어 큰 폭의 비용 상승요인이 된다. 직원들의 업무를 조정하거나 직원 간의 협력을 이끌어내는 일이 어려워지고, 보이지 않는 부분에서 추가적으로 비용이 발생하기 때문이다. 이는 그대로 인플레이션 압력으로 작용한다.

문제는 여기서 그치지 않는다. 이러한 상황은 사회적인 혼란을 가중시킨다.

전통적인 경제학의 한계에 얽매이지 않으려는 '언더그라운드 경제학자(underground economists)' 헤이즐 헨더슨(Hazel Henderson)은 이런 말을 한 적이 있다. "지금과 같은 사회시스템 속에서는 복잡한 변수들을 활용하여 경제모델을 만들어내는 일이 점점 더 어려워지고 있습니다. … 모델화될 수 없는 시스템은 절대로 통제될 수 없습니다."

동맥경화에 빠져 신음하고 있는 전 세계 산업국가들이 과도한 복잡성과 통제불능의 상태가 큰 문제라고 외쳐대는 이유도 바로 이 때문이다.

헤이즐 헨더슨은 '사회적 거래비용(social transaction cost)'이라는 개념을 통해 복잡한 사회일수록 개인과 집단이 뭔가를 이루어내는 데 더 많은 비용을 치러야 한다고 말하는데, 복잡한 사회일수록 내부적 마찰이 더 심하기 때문에 이는 쉽게 예상할 수 있는 일이기도 하다.

헨더슨은 오늘날의 산업사회가 봉착해 있는 경제적 문제와 관련하여 다음과 같은 상황을 지적한다. "오늘날의 산업사회에 있어 집단 간의 충돌을 중재하고, 범죄를 통제하고, 소비자를 보호하고, 환경을 보호하고, 시민들의 의견을 수용하고, 전체적으로 사회의 항상성을 유지하는 데 소요되는 비용이 국민총생산(GNP)에서 차지하는 비중은 기하급수적으로 증가하고 있다."

경제학자들이 사회적 균형이라는 문제에 대해 관심을 갖기 전까지, 그리고 사회적 다양성과 새로운 문화와 새로운 커뮤니케이션 방식이 경제에 어떤 영향을 미치는지에 대해 알기 전까지, 그들은 인플레이션이라는 비교적 단순한 문제에 대해서조차 제대로 이해하지 못할 것이다.

가속의 경제학

점점 더 빨라지는 변화의 속도가 만들어내는 영향에 대해서도 알려지지 않은 것들이 많다. 오늘날 사회를 구성하고 있는 거의 모든 것이 변화의 속도를 높여가고 있는데, 이로 인해 경제적 상황도 이전과는 완전히 다른 양상으로 전개되고 있다. 높아진 다양성, 크게 늘어난 인구수, 높아진 교육수준, 새로운 예술과 미디어, 첨단기술 등의 요인들로 인해 유발되는 사회변화의 가속이 경제에서의 인플레이션을 유발하고 있는 게 현실이다.

인플레이션은 한 사회에서 구매 가능한 제품이나 서비스의 증가 속도보다 화폐의 공급 속도가 더 빨라질 때 발생한다. 이렇게 되면 화폐공급량은 풍부하지만 제품이나 서비스의 공급량은 부족하기 때문에 가격이 상승하게 마련이다. 정부에서 통화 공급량을 통제하는 것도 이 때문이다.

경제학자들은 경제주체들 사이에서의 화폐순환속도가 인플레이션을 유발하는 핵심 요인이라고 말한다. 각 경제주체들 사이에서 화폐가 더 빠르게 순환된다는 것은 경제주체들이 더 많은 돈을 지출한다는 것을 의미하고, 그럼 제품이나 서비스의 가격이 높아진다는 것이다. 경제학자들은 '화폐의 유통속도(velocity)'라는 개념을 만들어내기도 했다. 사실 화폐의 순환속도가 빨라지는 것은 통화 공급량이 늘어나는 것과 같은 효과를 지니고 있다.

정통 경제학자 출신인 빌헬름 뢰프케(Wilhelm Roepke)는 인플레이션의 원인과 관련하여 "빵 한 덩어리는 한번 먹으면 없어지지만,

돈은 돌고 도는 겁니다. … 물건의 양이 정해져 있는 상황에서 돈이 한 사람에게서 다른 사람에게로 더 빠르게 돌수록, 돈이 우리의 주머니에 머물러 있는 시간이 짧을수록, 돈이 더 많은 물건을 구입할 가능성이 커질수록 물건의 가격은 올라갑니다"라고 말했다.

화폐공급량을 줄이거나 제품이나 서비스의 공급량을 늘리지 않는다면, 늘어나는 화폐량이 제품이나 서비스의 가격을 올린다. 돈의 순환속도를 높이는 것은 경제에 중추신경자극제인 암페타민을 주사하는 것과 같은 것이다. 경제가 일시적으로 활성화되기 때문이다.

고성능 컴퓨터와 이를 활용한 통신시스템, 역량이 더욱 강화된 다국적 기업과 다국적 은행들, 이와 같은 요인으로 인해 지난 20년 동안 전 세계의 화폐순환속도는 계속해서 증가해왔다.

게다가 화폐의 순환속도를 높이는 사회적인 요인들도 있다. 사회의 변화가 매우 빠른 속도로 진행되면 해당 사회에 속해 있는 수백만 명의 사람들 역시 사회의 변화에 맞추어 변해야 한다.

어떤 사회에서 사람들은 주택을 더욱 빈번하게 사고팔 것이고, 기존에 가지고 있는 물품을 중고로 처분하고 새로운 물품을 구입할 것이다. 어떤 사회에서는 주택을 구입하는 것보다는 임차하여 거주하는 것이 더 유행할 수도 있다.

사회의 변화가 빨라질수록 사회의 구성원들은 더 자주 이사를 다닐 것이고, 지위가 높아지거나 낮아지는 빈도가 늘어날 것이고, 해고되었다가 재취업하는 주기도 짧아질 것이고, 더 많은 사람들이 이혼을 하고 재혼할 것이다. 이와 같은 일이 일어나는 속도에도 가속이 붙을 것이다. 단기적으로 경제가 활성화될 것이며, 이는 결국

경제 전반에 영향을 미친다.

사람들은 안정적인 상태에 머무를 때보다 변화의 시기에 더 많은 돈을 쓰게 된다. 새로운 지역으로 이사를 가거나, 이혼을 하거나, 재혼을 하거나, 다른 회사에 재취업을 할 때 평소 같았으면 쓰지 않았을 돈을 쓰게 되는 것이다. 그리고 사회의 변화속도가 빠를수록 사회구성원의 변화속도 역시 빨라지고, 이는 그대로 화폐순환속도의 폭발적인 증가로 이어진다.

수백만 명의 사람들 사이에서 훨씬 더 많은 액수의 화폐가 이동하는 상황을 생각해보라. 결국 화폐공급량이 줄어들거나, 제품이나 서비스의 공급량이 충분히 늘어나지 않는다면 해당 사회에서는 인플레이션 압력이 발생한다.

더욱이 사회의 변화가 빨라지면서 사람들의 생활도 빠르게 변했고, 이로 인해 제품주기도 더욱 짧아졌다. 전보다 더 많은 제품들이 버려지고 있고, 서비스의 수명도 짧아지고 있고, 부품의 호환성과 모듈화가 강조되고 있고, 새로운 유행이 순식간에 나타났다 사라지고 있다. 제품주기가 짧아지면서 사람들은 더 자주 상점에 들러 뭔가를 구입하고 있으며, 이 역시 화폐의 순환속도를 높이는 주된 요인이다.

전통적인 지식과 모델에만 의존하던 경제학자들이 인플레이션을 유발하는 사회적 요인들을 잘 알아보지 못하는 것처럼, 그들은 회계장부에 구체적으로 드러나지 않는 사회경제적 비용을 잘 알아보지 못한다. 또한 경제흐름에 있어 정보나 조직의 역할이 무엇인지에 대해서도 분명하게 이해하고 있지 못하다.

지금 혼란을 겪고 있는 것은 정치인이나 금융계 사람들, 기업 경영자만이 아니다. 문제의 원인을 찾고 해법을 제시해야 할 경제학자들 역시 극심한 혼란을 겪고 있다.

경제학의 과제

지금 우리 사회를 혼란스럽게 만드는 새로운 요인들을 정확하게 파악하고 이를 효과적으로 통제하기 위한 일련의 시도에 대해 경제학이 힘을 보탤 수 있으려면 먼저 기존의 편협하고 낡은 방식에서 벗어나야 한다.

미래의 경제학은 돈, 사람, 아이디어, 문화 등의 국가 간 이동에 대해 관심을 가져야 한다. 또한 에너지 자원과 생태계의 변화에 대해서도 관심을 가져야 하고, 그전의 것과는 완전히 다른 새로운 회계시스템도 만들어내야 한다.

국민총생산(Gross National Product), 국민총소득(Gross National Income), 생산성(Productivity) 같은 지표에 대해서도 더 이상 과거의 낡은 방식으로 접근해서는 안 된다. 이제는 자녀양육 및 교육 그리고 가사일 같은 요소까지 포괄적으로 고려할 필요가 있다.

우리가 지금 어떤 상황에 처해 있는지를 파악하고 앞으로 무엇을 해야 하는지를 올바르게 판단하기 위해서는 경제학이 초산업혁명의 두 가지 핵심적인 특징에 대해 관심을 가져야 한다.

하나는 유례가 없는 큰 폭의 사회변화이고, 다른 하나는 사회변화의 엄청난 가속도이다. 미래의 경제학은 지금 우리가 알고 있는 경제학과는 완전히 다른, 훨씬 더 포괄적인 것이어야 한다.

　경제에 영향을 미치는 이같은 요인들은 정량적으로 측정하기 어렵고, 쉽게 이해하기 어렵고, 상대적으로 새로운 관념이며, 전통적인 경제학의 범주 바깥에 있는 것들이기 때문에 지금까지는 무시되거나 제한적으로만 고려되었을 뿐이다.

　다시 한 번 강조하지만 인플레이션을 비롯한 여러 가지 경제문제의 핵심적인 원인에는 사회적인 요인도 포함되어 있다. 오늘날의 경제학자들은 엉뚱한 방향으로 포신의 방향을 돌려놓고 있던 제2차 세계대전 당시의 마지노 요새와 마찬가지로 잘못된 방향으로 경제위기에 접근하고 있으며, 이런 식으로는 효과적인 해법을 찾아낼 수 없다.

4

슈퍼 인플레이션 시나리오

TOFFLER

TOFFLER

TOFFLER

슈퍼 인플레이션 상황이 발생한다면 수많은 사람들이 하룻밤 사이에 집과 직장을
잃게 될 것이다. 연금생활자, 은퇴자, 공무원, 교사 등과 같이 소득이 고정되어 있는
사람부터 평소 체계적으로 자산을 관리해오지 않은 사람까지, 오랫동안 축적해놓았던
금융자산이 순식간에 사라지면서 경제적 파탄을 겪게 될 것이다.

오늘날의 경제시스템은 과거와 다른 양상으로 작동하고 있어서 경제학자도 좀처럼 정확한 상황을 파악하지 못하고 있고, 이를 충분히 안정적으로 통제할 수 있는 방법도 제안하지 못하고 있다. 이와 같은 상황에서 앞으로 어떤 일이 일어나게 될까? 우리 앞에 어떤 심각한 위기가 도사리고 있는 것은 아닐까?

가까운 미래에 실현될 시나리오를 구상해보는 것은 이와 같은 질문에 대한 해답을 찾는 좋은 방법이 된다. 시나리오는 수많은 변수들이 작용하게 될 미래의 상황을 체계적으로 예측하는 효과적인 수단이며, 이를 활용하면 미래의 모습을 상당히 정확하게 그려낼 수 있다.

여기저기서 내놓는 서로 상충되는 사회적·경제적 대안들로 혼란만을 가중시키고 있는 지금의 상황에서는 가까운 미래에 대해 예측하는 것조차 결코 쉬운 일이 아니다. 하지만 인플레이션의 발생에 대해서는 어느 정도 확신을 갖고 말할 수 있다. 내가 이번 장에서 논하고자 하는 시나리오는 바로 슈퍼 인플레이션 시나리오이다.

폭등하는 물가

아랍 국가의 석유 금수조치로 인한 유가 폭등, 그리고 설탕 가격의 폭등은 이미 현실이 되어 있다. 그런데 앞으로 다른 수많은 천연자원들도 가격이 폭등하지는 않을까? 보크사이트, 몰리브데늄, 주석, 크롬 같은 자원들 말이다. 이와 같은 상황을 유발할 수 있는 요인들은 자원고갈, 수요의 갑작스런 폭증, 자원수출국의 카르텔 조직 등 여러 가지이다.

서로 다른 나라들이 모여 하나의 조직을 결성한다는 것은 결코 쉬운 일이 아니지만, 이미 그와 같은 조직이 결성될 수 있다는 점은 증명되었다. 불과 몇 년 전까지만 하더라도 영리한 것으로 정평이 나있던 세계적 투자자들은 아랍 국가들이 그토록 강력한 자원 카르텔을 조직할 수 없을 거라고 확신하고 있었지만, 아랍 국가들은 그러한 생각을 보기 좋게 무너뜨렸다.

앞으로 각각의 자원별로 자원수출국들이 카르텔을 결성하기 시작하면 현재 진행 중인 인플레이션의 속도는 기하급수적으로 증가할 수 있다. 만약 이와 같은 상황이 발생한다면 전 세계의 부는 지금보다 훨씬 더 빠른 속도로 자원수출국으로 집중될 것이고, 두 자릿수 물가상승률은 아무것도 아닌 시대가 올 것이다.

다국적 기업과 수많은 대기업들이 치솟는 원료값 때문에 수익성 악화를 겪고, 엄청난 액수의 자금을 차입하여 미래의 성장을 위해 투자하는 게 아니라 겨우 기존의 대출금을 갚는 데 사용하는 상황을 생각해보라.

또한 그 어떤 국가도 자원 카르텔의 무리한 요구에 대응하지 못하고, 외환흐름을 효과적으로 통제하지 못하는 상황을 생각해보라.

세계 각지에 있는 수많은 노동조합들이 적어도 물가상승률에 해당되는 수준의 임금인상을 해달라며 파업을 벌이는 상황을 생각해보라.

자주 원료공급이 중단되고, 전기가 끊기고, 협력업체들이 도산하고, 사회의 물류시스템에 문제가 발생하는 등의 이유로 기업의 생산성이 계속해서 급락하는 상황을 생각해보라.

이처럼 극도로 어려워진 상황에서 각국 정부는 더 이상 버텨내지 못하고 무리하게 화폐를 찍어대기 시작할지도 모른다. 당장의 경제 위기를 타개하겠다며 미국에서 무리하게 발권력을 동원한다면 일본, 영국, 프랑스, 이탈리아도 그 뒤를 좇을 것이고, 그럼 세계경제는 파국으로 치달을 것이다. 돈이 돈 취급을 받지 못하기 때문이다.

이렇게 되면 점점 더 많은 사람들이 화폐를 신뢰하지 않을 것이고, 사람들은 화폐 가치가 더 폭락하기 전에 최대한 빨리 뭐라도 손에 잡히는 물건을 구입하려 할 것이다. 옷, 분유, 다이아몬드, 잔디 깎는 기계, 가방, 심지어 개밥까지 사들일 것이다.

당연히 이와 같은 분위기는 시장의 수요를 더욱 높이고 가격상승을 계속해서 부추기게 된다. 화폐를 신뢰하지 않는 사람들은 자국 내의 다른 도시, 심지어 외국까지 가서 물건을 사재기해올 것이고, 선진 경제시스템을 갖추고 있다고 자부해온 국가 내에서도 암시장이 성행할 것이다.

그런가 하면 토지의 용도가 바뀌는 일도 많아질 것이다. 농산물을 재배하여 파는 것보다 부동산 임대업을 통해 더 많은 돈을 벌 수있게 되면서 자영농과 농업회사들은 농업이 아닌 부동산업으로 업종을 전환할 것이다.

지방정부들은 재원부족으로 궁핍한 시기를 보내게 될 것이다. 사람들이 지방정부를 믿지 못하면서 지방채가 팔리지 않을 것이고 교원, 경찰, 청소부들은 제때에 월급을 받지 못할 것이다. 청소부들이 청소하지 않는 길에는 쓰레기가 수북이 쌓일 것이다.

미친 듯이 치솟는 금리로 인해 자금을 구할 수 없게 된 지방정부들은 대중교통 프로젝트, 주택건설 프로젝트, 항만과 도로 프로젝트, 대형 운동장과 공공 시설물 프로젝트 등을 무기한 연기하거나 취소할 수밖에 없을 것이다.

반면 기업들은 경기가 나쁜 데도 불구하고 재고가 쌓일 사이도 없이 제품이 빠르게 팔려나가는 상황에 어리둥절해질 것이다. 높은 수준의 고객서비스를 제공해야 한다고 교육받은 영업직원들은 밀려드는 주문을 접수하는 일만으로도 너무 바빠서 고객서비스 같은 일에는 신경도 쓰지 못할 것이다.

그렇다고 해서 기업의 수익성이 좋아지는 것은 아니다. 하루가 다르게 폭등하는 원료가격으로 인해 수익성은 계속해서 악화될 것이다. 이와 같은 상황이 벌어지면 각 기업협회들은 대대적인 홍보 캠페인을 벌이게 될 텐데, 이번에는 소비자의 구매를 자극하는 캠페인이 아니라 소비자의 수요를 억제하는 캠페인이 될 것이다. 이때부터는 '디마케팅(de-marketing)' 전문가들의 일이 늘어날 것이다.

인플레이션을 유발하는 여러 가지 요인들이 동시에 작동하는 경우 사회변화의 속도는 훨씬 더 빨라질 것이고, 사회 곳곳에서 장기적인 관계를 기피하는 현상이 두드러질 것이다. 은행은 대출기간을 더 짧게 가져가려 할 것이고 장기 모기지론의 판매를 줄이려 할 것이다. 또한 개인이나 기업 모두 조합결성을 기피할 것이고, 현금을 보유하고 있는 측에서는 30일짜리 금융상품도 불안하다고 생각하여 더 짧은 기간의 금융상품을 이용하려 할 것이다. 심지어 정부에서 보증하는 채무에 대해서도 12시간 이상 돈을 빌려주지 않으려는 분위기가 확산될 것이다.

제품가격이 너무 빠른 속도로 올라가서 누구도 포장지에 표시된 가격에는 관심을 두지 않을 것이다. 오히려 사람들은 "오늘은 표시가격의 몇 배로 가격이 올랐군요"라고 말할 것이다. 예를 들면 35센트 하던 버스비의 경우 버스기사가 "오늘은 1,000배로 올랐습니다"라고 말하면 350달러를 내고 타야 하는 식이다.

휘발유 1갤런에 700달러, 초코바 한 개에 100달러를 내야 하는 시대가 올 수 있고, 그런 시대에는 한 알에 70달러 하던 계란이 불과 30분 후에 100달러로 가격이 오르는 일도 비일비재할 것이다.

이렇게 되면 동네 슈퍼마켓에 갈 때에도 사람들은 전자계산기를 들고 다니려고 할 것이고, 전자계산기의 숫자 표시창은 더 길어질 것이다. 마사지숍에 갈 때에는 현금을 잔뜩 채워 넣은 카트를 덜덜 거리며 끌고 들어가야 해서 조용히 마사지숍을 들어간다는 것은 더 이상 불가능한 일이 될 것이다.

우스갯소리이지만 슈퍼 인플레이션 상황에서 유괴범들은 유괴 계획을 실행으로 옮기기가 어려워질 것이다. 몸값으로 현금 100억 달러 이상은 받아내야 할 텐데, 그 정도의 현금을 경찰의 눈을 피해 옮기기란 불가능한 일이기 때문이다.

파탄에 빠진 독일경제

대략 1923년을 전후로 하여 발생했던 독일의 극심한 인플레이션 상황이 아니었더라면, 나는 이와 같은 시나리오를 만들어내지 못 했을 것이다. 지금 소개한 시나리오가 너무 과장되었다고 생각할 수도 있겠지만, 이는 제1차 세계대전 종전 후 독일에서 벌어졌던 상황에 비하면 훨씬 더 나은 상황이다.

전쟁에서 승리한 연합군 국가들은, 프랑스와 독일에 대해 특히 막대한 금액의 전쟁배상금을 요구했고, 이는 가뜩이나 침체에 빠 져 있던 독일경제를 완전히 무너뜨리는 결과로 이어졌다.

전쟁 직후인 1919년부터 독일의 마르크화는 지금으로서는 상상 하기도 어려울 정도로 폭락하기 시작했다. 그해 1월만 하더라도 미 화 1달러에 9마르크로 거래되던 독일의 마르크화는 7월에는 1달러 에 14마르크로 가치가 떨어졌고, 다음해 1월에는 1달러에 65마르크로 가치가 폭락했다.

이것은 시작에 불과했다. 1922년 1월에는 마르크화가 1달러에 190마르크로 거래되면서 95퍼센트 이상 가치가 폭락했고, 그해 7월에는 495마르크를 주어야 1달러를 살 수 있었다.

1923년 1월에 환율이 1달러에 1만 8,000마르크가 되자, 이때부터는 누구도 마르크를 사려고 하지 않았다. 사람들은 이제 마르크의 가치폭락이 바닥에 이른 것이 아니냐고 했으나, 그것은 의미 없는 기대였을 뿐이다.

이때부터 마르크화의 가치는 그야말로 수직 낙하하기 시작했다. 1923년 7월 환율이 35만 마르크에 이르렀고, 한 달 후인 8월에는 462만 마르크가 되었다. 9월에 미국 달러당 1억 마르크가 된 환율은 10월에는 250억 마르크가 되었다.

불과 3년 남짓한 기간 동안 환율이 9마르크에서 250억 마르크로 높아졌지만, 이것이 끝이 아니었다. 1923년 11월 환율은 미국 달러당 4,200억 마르크에 이르렀다. 천문학적인 숫자라는 게 바로 이와 같은 숫자를 의미할 것이다.

상황이 이렇게 되면서 독일 사람들은 공황상태에 빠졌고, 금융시장에서는 신뢰가 사라져버렸다. 1922년 7월 5퍼센트에 머물던 독일제국은행의 금리는 1923년 8월 30퍼센트까지 올랐고, 한 달 뒤인 9월에는 90퍼센트까지 치솟았다. 아침에 6,000마르크 하던 신문 한 부가 그날 저녁에 13만 마르크로 가격이 오르는 일도 있었다.

사람들은 상점에 먼저 들어가기 위해서 서로 몸싸움을 벌였다. 어느 상점이든 물건을 사려는 사람들로 줄이 길게 늘어서 있었는데, 줄이 줄어드는 동안에도 가격은 몇 배씩 뛰었다.

당시 독일의 화폐제조국에서는 제조능력을 최대한으로 발휘하여 화폐를 찍어냈으나 시장에서의 화폐수요를 대지 못하고 있었다. 1923년 하반기에는 30개가 넘는 화폐제조창에서 2,000여 대의 화폐인쇄기를 밤낮도 없이 최대한으로 가동했을 정도였다.

신뢰 잃은 화폐

고도로 선진화된 것처럼 보이는 산업국가에서도 여러 가지 문제들이 일시에 복합적으로 발생한다면, 1920년대의 독일에서와 같은 일이 재현되면서 국가의 금융시스템이 붕괴될 수도 있다.

만약 이와 같은 일이 벌어진다면 시카고, 스톡홀름, 토리노 같은 각국의 도시들은 저마다의 화폐를 발행하여 별도의 금융시스템을 구축하려 할 것이다.

프랑스 리옹에서는 '리브르(livre)' 화폐가 부활되고 프랑스 알사스에서는 '프랑-마르크(Fran-marque)'라는 새로운 화폐가 생겨날지도 모른다. 미국 샌프란시스코에서는 '서터(sutter)'라는 화폐가 지금의 달러를 대체할지도 모른다. 더 이상 캘리포니아의 서터라는 지역에서는 황금이 나오지 않지만, 서터라는 화폐는 캘리포니아 주정부가 소유하고 있는 남아프리카공화국의 금광지분을 근간으로 할 것이다.

석유와 천연가스 같은 풍부한 자원을 보유하고 있는 알래스카에서는 아예 미국연방을 탈퇴하려는 움직임이 감지될 것이다. 미국 경제시스템의 불안정성이 자꾸만 알래스카로 전이되는 상황을 막기 위해서이다.

화폐가 신뢰를 잃게 되면 사람들은 물건 대 물건의 교환방식을 선호할 것이다. 고급 셔츠와 시가 한 상자를 맞바꾸거나, 치펜데일 의자와 버버리 레인코트를 맞바꾸는 식으로 말이다.

〈뉴욕 타임스〉에 이와 같은 상황을 가정한 만평 하나가 실린 적이 있다. 런던에서 택시를 이용한 손님이 택시비로 닭 한 마리를 지불하자 택시기사가 거스름돈으로 계란 두 알을 주었고, 그러자 손님이 다시 팁이라며 계란 한 알을 되돌려준다는 내용의 만평이었다.

슈퍼 인플레이션 상황이 발생한다면 수많은 사람들이 하룻밤 사이에 집과 직장을 잃게 될 것이다. 연금생활자, 은퇴자, 공무원, 교사 등과 같이 소득이 고정되어 있는 사람뿐 아니라 평소 체계적으로 자산을 관리해오지 않은 사람까지 모두 축적해놓았던 금융자산이 순식간에 사라지면서 경제적 파탄을 겪게 될 것이다.

심리적 공황

슈퍼 인플레이션은 사람들의 심리에도 커다란 영향을 미칠 것이다. 조지타운 대학의 윌리엄 플린(William Flynn) 교수는 인플레이션을 겪은 사람들 사이에서는 이미 지니고 있던 성향 가운데 어느 하나의 성향이 과장되어 표출되는 현상이 나타난다는 연구결과를 발표한 적이 있다.

어떤 사람은 과도하게 공격적이 되고, 어떤 사람은 결벽증에 가까운 태도를 보이고, 어떤 사람은 지나치게 계산적이거나 신중해지고, 어떤 사람은 우울증에 빠지고, 또 어떤 사람은 희생양을 찾아 자신의 분노를 폭발시킨다는 것이다.

인플레이션이라는 경제현상이 사람들의 심리에 내재된 어떤 감정이나 성향을 이끌어내는 촉매로 작용한다고 볼 수 있는데, 어쨌든 심리학자와 정신과 의사들은 인플레이션이 사회구성원의 스트레스 수치를 크게 높인다고 말한다.

비벌리힐즈에서 활동 중인 심리상담사 앨러스나 스미스(Alathena Smith) 박사는 "사람들의 경제적 상태가 불안하면 심리적 상태 역시 훨씬 더 빠르게 불안정해집니다. 스트레스를 수용하는 데에는 한계가 있으니까요"라고 말한다.

인플레이션 상황에서는 질병치료에 투입되는 비용마저 크게 상승하는 경향을 보인다. 일례로 지난 일 년 사이 미국의 헤로인 중독자 한 명의 치료에 소요되는 비용은 연간 2만 2,000달러에서 연간 2만 9,000달러로 치솟았다는 보고가 있다.

슈퍼 인플레이션의 확산

제1차 세계대전 직후의 독일 상황을 기반으로 이와 같은 시나리오를 더욱 확장하는 것도 가능하다. 하지만 미래의 경제위기가 1930

년대 미국의 대공황과 같지 않을 거라는 판단을 내릴 수 있다면 독일의 경험도 그대로 재현되지 않을 거라는 판단을 내릴 수 있다.

이렇게 판단할 수 있는 근거는 여러 가지가 있는데, 무엇보다 대전에서 승리한 연합국이 전쟁배상금 명목으로 독일로부터 막대한 양의 실물을 가져갔다면 (예컨대 황금, 기차, 엔진, 선박, 철강, 기계, 말, 소, 양, 트럭 같은), 아랍 국가들은 석유를 제공하는 대가로 단지 종이만을 (예컨대 화폐나 증권) 가져갔다는 점을 들 수 있다.

아랍 국가들은 자신들이 가져간 종이의 가치를 훼손시키지 않기 위해서라도 산업국가의 붕괴는 어떻게 해서라도 막으려 할 것이다.

게다가 당시 독일의 초인플레이션은 자연스럽게 진행된 과정이 아니었다. 독일 내 좌파세력을 무너뜨리기 위해 독일 정부가 인플레이션을 조장한 측면도 있다. 기업가이자 당시 독일의 정계와 재계를 대표하던 인물 가운데 한 명인 후고 스티네스(Hugo Stinnes)는 "인플레이션이라는 무기를 활용하여 독일을 볼셰비키주의자로부터 구하자"라고 말하기도 했다.

그런데 1920년대 독일의 초인플레이션은 독일이라는 나라의 국경 내에서만 머물고 있던 문제였다. 이제 전 세계 산업국가들이 밀접하게 연결되어 있는 오늘날의 상황에서 초인플레이션이 발생한다면 그것은 모든 산업국가로 확산되면서 훨씬 더 심각한 양상으로 전개될 것이다.

이 같은 문제로부터 그 어떤 산업국가도 자유로울 수 없으며, 그 어떤 산업국가도 팔짱을 낀 채로 상황을 구경만 하고 있지 못할 것이다. 게다가 이는 문제를 해결할 외부적인 자본이 지구에 더 이상 남아 있지 않다는 것을 의미하기도 한다.

금융시스템은 순식간에 붕괴될 수 있다. 이 시대의 극단적인 비관론자들이 말하듯 우리가 지금 가지고 있는 화폐가 한낱 휴지로 전락해버릴 수 있는 것이다. 누구도 그와 같은 일이 절대로 일어나지 않을 거라고 단언할 수 없다.

하지만 전 세계 금융시스템의 총체적인 붕괴가 이루어지더라도 그것은 1923년 독일의 상황과는 다를 것이다. 경제를 가동시키는 근본적인 원리가 그때와는 너무나도 달라졌기 때문이다. 다시 한 번 강조하지만 1930년대 미국의 대공황이나 1920년대 독일의 초인플레이션과 똑같은 상황이 이 시대에 재현될 가능성은 없다.

5

일반적인 불황 시나리오

TOFFLER

TOFFLER

TOFFLER

하늘을 날아가는 항공기의 문이 갑자기 열리면서 기내에 있던 모든 것,
그러니까 기내식 식판, 좌석, 수화물, 승객 등 모든 것이 일시에 빠져나가는 광경을
상상해보라. 디플레이션은 그렇게 찾아올 것이다. 탄탄하게 짜여있는 것처럼 보이는
산업국가의 경제에서 인플레이션으로 부풀려진 압력이 일시에 빠져나가면서
전방위적인 자산 디플레이션이 발생하게 되는 것이다.

평소 알고 지내던 한 부동산 전문 변호사에게 지나가는 인사로 요즘 사업이 어떠냐고 물어보았다. 그는 뉴욕 맨해튼에 사무실을 개업한 변호사로, 내 질문에 멋쩍은 웃음을 지으며 이렇게 대답했다. "얼마 전까지만 해도 재앙 수준이었는데, 이제는 아예 학살당하고 있는 것 같습니다."

전 세계적으로 거의 모든 산업국가에서 불황의 징후가 감지되고 있다. 미국과 호주에서는 실업률이 빠르게 증가하고 있고, 일본에서는 은행들이 도산하고 있고, 독일에서는 외국인 노동자들이 다시 자국으로 돌아가고 있으며, 영국에서는 여행사들이 폐업하고 있고, 싱가폴에서는 공장들이 문을 닫고 있다.

이와 같은 일이 가속화되면서 혹시 전 세계 경제가 붕괴되지는 않을까? 이번에도 시나리오를 통해 그 가능성에 대해 생각해보자.

불황의 유형

지금까지 1930년대의 대공황과 같은 일은 반복되지 않을 거라고 여러 번 강조했는데, 그렇다고 해서 앞으로 심각한 경기침체가 일어나지 않을 거라는 의미는 아니다. 불황은 얼마든지 일어날 수 있다. 다만 그 양상이 과거의 것과 똑같지 않을 뿐이다.

1930년대 대공황은 우리가 알고 있는 가장 심각한 불황이었기 때문에 사람들은 언제나 대공황을 일으킨 것으로 지목되는 원인들에 대해 말하지만 불황의 발생 원인은 이외에도 많다. 심지어 아시아 독감 같은 대규모 질병도 불황의 원인이 될 수 있다.

아리조나 피닉스 대학의 한 연구팀에서 불황을 유형별로 분류하여 발표한 적이 있는데, 이를 소개하면 다음과 같다.

1. 순차적 불황(Depression on the Installment Plan) : 경제의 각 부분이 일시에 침체를 맞는 게 아니라 순차적으로 서로 다른 시기에 침체를 맞는다. 경제의 한 부분에서 침체가 시작될 때 그에 앞서 침체를 겪었던 다른 부분에서는 경기가 회복되는 양상을 보인다.

2. 수면식 불황(The Sleeper Depression) : 전체 경제에서 장기간에 걸쳐 점진적으로 침체가 이루어진다. '폭락 없는 불황'이라고도 부른다.

3. 마법의 불황(The Magic-Formula Depression) : 1930년대의 대공황과 같은 침체를 의미한다. 가장 적절한 시기에 가장 적절한 방법으로 강력하게 경기활성화 정책을 추진하는 정부의 역할에 힘입어 한창 나락

으로 떨어지는 것만 같았던 시장이 일시에 되살아나는 식의 불황이 바로 마법의 불황이다. 그런데 마법과 같이 시장이 일시에 되살아나기 위해서는 운도 많이 따라야 한다.

　4. 초대형 붕괴(Super-Crash) : 모든 것이 일시에 무너지고 실업률이 25퍼센트에서 50퍼센트까지 치솟는다.

　5. 아마겟돈 불황(Armageddon Depression) : 글로벌 전쟁 이후 일시적으로 찾아오는 불황을 의미한다.

　심각한 경기침체의 발생 가능성을 부인하는 사람들은 지나치게 순진하거나, 아니면 경제에 대해 맹목적인 신앙을 지니고 있는 사람들일 것이다.

　앞으로 5년 혹은 그보다 더 짧은 기간 내에 심각한 경기침체가 발생할 거라고 예상할 수 있는 근거는 여러 가지가 있다. 가까운 미래에 발생 가능한 불황의 유형도 다양하다. 그리고 이에 대해 개별적으로 시나리오를 만들어보는 일도 가능하다.

　설명을 단순화하기 위해 나는 여기서 하나의 시나리오만을 소개하려고 한다. 지금 시장에서 나타나고 있는 여러 가지 징후들을 토대로 '일반적인 불황 시나리오'를 기술할 것이다. 이 시나리오는 상황과 가정을 약간만 조정하면 여타의 나라에서도 얼마든지 적용할 수 있다.

인플레이션과의 전쟁

극심한 인플레이션으로 고통 받고 있는 농민과 일반 소비자들이 폭동과도 같은 시위를 벌이고, 이로 인해 다급해진 미국 공화당 행정부가 '인플레이션과의 전쟁'을 선포한 후 강력한 대응책을 추진하는 상황을 가정해보자.

과거의 해법만을 알고 있는 미국 정부는, 인플레이션을 낮추기 위해서는 소비세를 높여 소비자들의 지출을 줄여야 한다고 판단할 것이다. 미국 정부는 실업률의 증가도 용인할 텐데, 그럼 정말로 실업률이 늘어날 것이고, 그것은 예상보다 더 빠른 속도로 증가할 것이다. 이렇게 되면 가장 먼저 타격을 받는 산업 분야는 자동차와 가전으로, 이들 분야에서 실업자들이 쏟아져 나올 것이다.

미국 민주당은 공화당에서 추진한 증세 정책을 받아들이는 대가로 군비삭감을 이끌어낼 텐데, 그럼 군수기업이 몰려 있는 캘리포니아, 시애틀, 롱아일랜드에서 화이트칼라와 엔지니어들 중심으로 실업자가 크게 늘어날 것이다.

노동조합이 강력한 건설업의 경우는 근로자들이 정리해고를 막아내고 인플레이션율에 상응하는 임금인상을 관철시킬 수 있겠지만, 신규 주택판매가 급감하면서 몇몇 건설회사들이 부도를 내고 법정관리상태에 처해질 것이다.

이렇게 되면 뉴스에서는 이들 건설회사에 돈을 빌려주었던 채권은행의 부실위험에 대해 경고할 것이고, 그럼 해당 은행들의 전국 지점에는 돈을 인출하려는 수많은 고객들이 한꺼번에 몰려들면서 혼란이 발생할 것이다.

미국의 연방예금보험공사에서는 사람들의 대규모 예금인출사태를 막기 위해 규정에 따라 일련의 표준적인 조치를 취하겠지만, 텔레비전을 통해 수많은 사람들이 예금을 인출해가는 것을 지켜본 미국 시민들은 예금인출에 본격적으로 가세하기 시작할 것이다.

그런데 연방예금보험공사의 책임자들이 대중에게 공개하지 않은 정보가 있다. 연방예금보험공사의 지급능력으로는 전체 은행예금의 1퍼센트만을 지급할 수 있을 뿐이라는 사실 말이다. 그들은 예금인출사태를 이대로 방치할 수 없다고 판단하고는 곧바로 비상회의를 소집할 것이고, 회의에서는 앞으로 예금지급보증한도를 현재의 4만 달러에서 1만 달러로 축소해야 한다는 결론을 내릴 것이다.

하지만 이 같은 새로운 정책은 대통령에 의해 거부될 것이다. 그때부터 다급해진 연방예금보험공사와 연방준비은행의 책임자들은 여기저기 전화를 걸어대고 회의를 하느라 무척이나 바쁘게 움직여야 할 것이다.

연방예금보험공사로부터 상황을 보고받은 날 낮 12시경, 백악관에서는 각 주요 방송사에 전화를 걸어 대통령특별담화를 긴급편성해줄 것을 요청할 것이다. 그리고 오후 1시 10분 정도되면 대통령은 방송카메라 앞에 서있게 될 것이다.

이 방송은 미국은 물론이고 영국이나 프랑스 같은 다른 나라 사람들도 상당수가 볼 것이다. 미국 대통령은 차분하고 자신감 있는 표정을 지어보이겠지만, 정작 목소리에는 힘이 없을 것이다. 그는 최근의 경제상황을 설명한 다음 이번 특별담화를 통해 진짜로 하려던 말을 꺼내기 시작할 것이다.

　"최근 일어나고 있는 일련의 상황으로 인해 국민 여러분이 단 한 푼의 돈이라도 손실을 보는 일은 없을 것입니다. 우리나라의 은행들은 매우 건전한 상태에 있습니다. 정부는 모든 재원을 동원해서라도 국민 여러분의 예금을 보호해 드릴 것입니다. 우리나라는 여전히 부유하고, 경제의 기본적인 토대는 언제나처럼 튼튼합니다. 지금 우리에게 필요한 것은 침착한 대응일 뿐입니다.

　지금 유동성위기를 겪고 있는 은행에 대해서는 연방준비은행이 전적으로 지원할 것입니다. 하지만 최근의 비정상적인 상황으로 인해 앞으로 한 주 동안 미국의 모든 은행은 영업을 중단하게 될 것입니다. 최근 갑자기 불어난 서류업무를 처리하는 데 은행과 연방준비은행 직원들에게 추가적인 시간이 필요해졌기 때문입니다. 이 같은 조치의 후속조치로 미국 내의 모든 채무에 대해 한 주의 지급유예를 선포하겠습니다. 여기서 예외가 되는 채무는 없을 것입니다. 그렇다고 해서 불안해하실 것은 없습니다. …"

　대통령의 연설은 꽤 효과가 있어서 사람들의 패닉현상도 어느 정도 진정되는 듯 보일 것이다. 오후 3시쯤 되어 방송카메라가 보여준 각 은행지점에는 예금을 인출하기 위해 지점을 찾은 사람들 수가 확연히 줄어들어 있을 것이다.

　그러나 일반 시민들이 보지 못하는 곳, 바로 월스트리트에서는 새로운 차원의 공황이 시작될 것이다. 대통령의 특별담화가 시작되자마자 기관투자가들이 주식을 팔기 시작할 것이고, 바로 몇 분 후부터는 대규모 주식매도물량이 쏟아져 나올 것이다.

이제는 일반 주식투자자들도 큰 충격을 받게 될 것이고, 바로 다음날 오후에는 증시에 대한 비관적인 전망이 뉴스전파를 타기 시작할 것이다. 그리고 다우존스지수는 그야말로 수직 낙하하여 한 주만에 250포인트 아래로 내려가 있을 것이다.

디플레이션 속으로

그렇게 한 주가 지나가면서 사람들 사이에는 두려움의 분위기가 확산될 것이고, 위기의 진행과정에는 가속이 붙게 될 것이다. 주가가 하락하면 탄탄한 자금력을 앞세워 언제나 매수에 참여했던 각종 연기금도 폭락한 포트폴리오 가치에 더 이상 어떻게 할 수가 없을 지경에 이를 것이다.

이런 상황에서 막대한 포트폴리오 가치하락을 겪은 대형 연기금펀드 한 곳에서 향후 3개월 동안 연금지급액을 15퍼센트 일괄적으로 감축하겠다고 발표한다면 봇물 터지듯 다른 연기금펀드도 연금지급액 감축 발표를 할 것이고, 연기금펀드 중에서 일시적인 연금지급중단을 선언하는 곳도 나타날 것이다.

결국에는 안락한 노후를 바라고 45년 동안이나 쇳물을 녹여온 철강 근로자들, 목이 쉬도록 일해온 전화교환원들, 부두에서 허리가 아프도록 무거운 짐을 날랐던 항만 노동자들, 이런 사람들이 거리로 나서기 시작할 것이다.

거리로 쏟아져 나온 이들은 정부가 이 모든 책임을 지고 원래 약속대로 연금을 받을 수 있도록 조치해줄 것을 요구할 것이다. 그리고 언론에서는 이들의 집단행동을 '연금폭동' 혹은 '회색혁명'이라고 부를 것이다.

그런가 하면 미국 정부의 사회보장제도도 위기를 맞게 될 것이다. 실업자 수가 크게 늘어나면서 사회보장제도로 유입되는 수입도 줄어들 것이기 때문이다.

하지만 사회보장제도에서 지급되는 돈의 액수가 조금이라도 줄어들었다가는 연금폭동에 가담하는 사람들 수가 폭발적으로 늘어나면서 돌이킬 수 없는 사회불안사태로 이어질 것이다. 이를 우려한 정부에서는 채권이라도 발행하여 사회보장제도의 수입 감소를 충당하려고 할 것이고, 이를 위해 연방준비은행에 지원을 요청할 것이다.

상황이 이쯤되면 경제전문가들 사이에서는 정부에서 나서서 적극적으로 화폐공급량을 확대해야 한다고 주장하는 사람들이 나타나기 시작할 것이다. 그러는 사이 실업자 수는 계속해서 빠른 속도로 증가할 것이고, 정부의 실업수당기금도 바닥을 드러내기 시작할 것이다. 아직 고용상태에 있는 사람일지라도 구매력이 크게 감소하면서 미국 내 수백만 가구들이 갑작스런 삶의 질 저하를 겪게 될 것이다.

이제 사람들은 불가피하게 내핍생활을 해야 할 것이고, 그전까지 한창 부풀려졌던 신용카드 버블이 빠른 속도로 꺼지게 될 것이다. 얼마 전까지만 하더라도 신용카드는 자동차 구입, 하와이나 몰타로의 여행, 별장 구입, 신형 가전제품 구입 등을 가능하게 했던 마법의 도구였는데 말이다.

이제 그 다음 순서는 자산 디플레이션이다. 하늘을 날아가는 항공기의 문이 갑자기 열리면서 기내에 있던 모든 것, 그러니까 기내식 식판, 좌석, 수화물, 승객 등 모든 것이 일시에 빠져나가는 광경을 상상해보라.

디플레이션은 그렇게 찾아올 것이다. 탄탄하게 짜여져 있는 것처럼 보이는 산업국가의 경제에서 인플레이션으로 부풀려진 압력이 일시에 빠져나가면서 전방위적인 자산 디플레이션이 발생하게 되는 것이다.

일자리의 박탈

남녀고용평등의 원칙을 지키라는 연방법원의 명령으로 여성운전사들을 고용했던 뉴올리언스의 한 버스회사에서 경영악화를 이유로 50명의 버스운전사들을 해고하겠다는 발표를 했다고 해보자.

정리해고를 할 때는 연공서열을 기준으로 해고자를 가린다는 노동조합과의 약속에 의해 그 버스회사에서는 가장 나중에 채용한 50명의 버스운전사들에게 해고통지를 하게 될 텐데, 결과적으로 38명의 여성운전사와 12명의 남성운전사가 해고당하는 셈이 되었다.

여성운전사들은 강력히 반발하여 해고를 받아들이지 않기로 할 것이고, 해고통지를 받은 다음날 새벽 4시 버스 첫 차가 출발하기 전에 30명의 여성운전사와 그들에 동조하는 6명의 남성운전사들은 버스회사 앞에 모여 '고용평등' 같은 구호를 외치며 시위를 할 것이다.

이제 정식 직원들이 출근하기 시작하면서 몇 명의 남성운전사와 시위대 사이에는 말씨움이 오갈 것이다. 그리고 첫 차가 출발하기 직전인 새벽 5시 30분 무렵, 회사 앞에는 시위대와 운전사들 100여 명이 뭉쳐진 채로 욕설과 함께 몸싸움을 벌이고 있을 것이다.

대부분이 여성들인 시위대는 어떻게 해서라도 버스가 출발하지 못하도록 회사 입구를 막으려 할 것이고, 그렇게 하면서 자신들에게도 남성들만큼이나 직업이 필요하다고 절규할 것이다.

해고통지를 받은 여성운전사 가운데 반수 이상이 남편과 사별했거나, 이혼했거나, 독신이거나, 다른 여러 가지 이유로 한 가구의 생계를 책임져야 하는 사람들이다.

시간이 흐를수록 양측의 충돌은 점점 더 심해질 것이다. "가서 서방 될 사람이나 새로 구해!" 혹은 "집에 가서 애나 봐라!"와 같은 모욕적인 외침이 들릴 것이고, 누구로부터 시작되었는지는 모르겠지만 이제는 양측 사이에 주먹질까지 오가게 될 것이다.

해고된 여성운전사들은 악을 쓰며 필사적으로 주먹을 휘두르고, 할퀴고, 몸부림칠 것이다. 그리고 그에 맞서는 남성운전사들 역시 시위대 사람들을 주먹으로 때리고 발로 찰 것이다. 손과 발이 교차되고, 머리카락이 몇 움큼씩 뽑혀나가고, 사람들의 얼굴에는 피가 흐르고 있을 것이다.

이제 언론사 기자들이 나타나기 시작한다. 먼저 신문사 기자들이 나타나 사진을 찍을 것이고, 곧이어 방송사 트럭들이 촬영장비를 싣고 속속 시위현장에 도착할 것이다. 경찰차와 구급차가 도착하면서 시위현장의 긴박감은 더욱 높아질 것이다.

숫자와 힘에서 밀린 여성운전사들은 다음날 지원해줄 사람들과 다시 함께 오겠다는 다짐을 하며 일단은 시위현장에서 물러난다. 그럼 시위대와 몸싸움을 하던 남성운전사들은 환호를 지르고 물러나는 시위대에 조롱을 하며 기사대기실로 들어갈 것이다. 그리고 일정에 따라 버스를 출발시킬 것이다.

몇몇 여성운전사들은 시위현장 바로 옆에서 기자들과 인터뷰를 하게 될 텐데, 화장과 눈물로 범벅이 된 그녀들의 얼굴은 절박한 사정을 더욱 강조하는 효과를 만들어낼 것이다.

바로 다음날에는 1,000여 명의 여성들이 버스회사 정문 앞에 모여들어 시위를 벌일 것이고, 이것을 시작으로 향후 몇 주 동안 미국 전역에서 성차별에 대한 여성들의 반발이 여러 가지 방식으로 표출될 것이다.

여성 기자들은 '미국의 기사도는 어디에 있는가?'라는 제목으로 비판기사를 작성할 것이고, 페미니스트 단체들은 노동조합과의 연대를 취소하겠다고 으름장을 놓을 것이다.

여성경찰들은 여성시위대 주변에 폴리스라인을 설치하라는 명령을 거부할 것이고, 몇몇 은행에서는 해고조치로 시위를 벌이고 있는 여성운전사들을 위해 특별기금을 조성하여 낮은 금리로 대출을 해주겠다고 나설 것이다.

그러는 사이 뉴욕과 샌프란시스코에서는 사회주의를 주창해온 사회학자 마이클 해링턴(Michael Harrington)의 원리를 근간으로, 저명한 교수들과 학생들, 그리고 노동계 지도자들이 모여 '아메리카 사회당'이라는 정당의 창당을 선포할 것이다.

한편 로스앤젤레스에서는 방송에도 여러 차례 나와 전국적으로 유명해진 한 투자 카운슬러가 투자실패에 비관하여 한 호텔 12층에서 투신자살했다는 소식이 들려올 것이다.

이 소식을 들은 사람들 중에는 1930년대 대공황 당시에 유행했던 어떤 농담을 떠올리는 사람도 있을 것이다. 대공황 당시 한 주식 브로커가 호텔에 투숙하려 하자 평소 그를 알고 있던 호텔직원이 "선생님, 주무실 방으로 드릴까요, 아니면 뛰어내리실 방으로 드릴까요?"라고 물었다는 농담이 있다.

이쯤에서 1930년대 대공황의 상황을 간략하게 되짚어보자. 회사들은 도산하고, 실업자가 늘어나며, 상품가격은 떨어지고, 은행은 대출을 회수하고, 주택은 압류당하고, 부동산의 주인은 계속해서 새로이 바뀌고, 금은 그 희소성 때문에 다시 유행했다.

당시에는 많은 아이들이 끼니를 거르기 일쑤였고, 박사학위를 가지고 있는 엘리트도 저임금 일용직으로 일해야 했고, 수백만 명의 가장들이 일자리를 구한다며 하릴없이 거리를 떠돌았다.

1930년대 대공황이 우리에게 알려주는 교훈은 많은 액수의 자산이 하루아침에 사라져버릴 수 있다는 것, 그리고 비관과 분노의 감정이 순식간에 온 나라를 사로잡을 수 있다는 것이다.

6

경제 대재앙

TOFFLER

TOFFLER

TOFFLER

불황으로 사람들이 은행에서 모두 다 돈을 빼버리거나,
혹은 슈퍼 인플레이션이 발생하여 사람들이 물물교환을 하는 수준에 이르는 경우를
생각해보라. 이렇게 되면 전 세계적으로 국가시스템의 붕괴현상이 발생할 수 있다.
여러 가지 경제위기 시나리오 가운데 어느 하나만 현실이 되더라도
국가 경제는 금세 붕괴될 수 있다.

　　과거의 경기침체에 대한 일반적인 분석은 오히려 현재의
경기침체에 대응하는 우리를 엉뚱한 곳으로 인도할 가능성이 크다.
1923년 독일의 인플레이션을 통해 우리가 얻을 수 있는 유용한 교
훈은 별로 없다. 게다가 과거의 경기침체에 관한 분석은 지나치게
단편적이고, 일반적이고, 너무 단순화된 경우가 많다.

　1930년대의 대공황도 마찬가지이다. 당시의 대공황은 지속적인
경기하강과 디플레이션이 함께 발생했기 때문에 지금의 경제위기
와는 근본적으로 다르다고 할 수 있다.

　물론 지금 진행 중인 경제위기가 어느 날 갑자기 디플레이션 쪽
으로 방향을 틀게 될 가능성을 완전히 배제할 수 없지만, 지금까지
의 상황을 보건대 앞으로 디플레이션이 발생할 가능성은 그리 높지
않다. 제품가격이 떨어질 기미가 보이지 않는다.

글로벌 차원의 대규모 경제위기

지금 우리 앞에 놓여 있는 경제위기는 과거의 것과 근본적으로 다른 위기가 될 것이고, 그 정도 또한 훨씬 더 심각할 것이다. 앞으로의 경제위기에서 우리는 인플레이션, 불황, 일시적인 폭등, 일시적인 폭락, 경기침체, 스태그플레이션 등의 현상을 복합적으로 겪게 될 텐데, 그렇기에 나는 지금 진행 중인 경제위기를 '에코스패즘(eco-spasm)이라고 부를 것이다.

에코스패즘이란 단발성 위기 혹은 국지적으로 발생하는 위기가 아니라 강력한 충격으로 다가오는 글로벌 차원의 대규모 위기를 말한다.

이제 에코스패즘이 본격적으로 발생하게 되면 우리는 매우 위태로운 상황에 처하게 될 것이고, 지금까지 한 번도 동시에 일어난 적이 없던 중대한 몇 건의 사건들을 겪은 후에야 이러한 상황으로부터 벗어날 수 있을 것이다.

에코스패즘이 발생하면 강력한 경기상승 요인과 경기하강 요인이 계속해서 충돌을 일으키며 시장에 커다란 혼란을 가져오게 될 것이다. 한 나라에서 발생한 경제위기가 전 세계적인 파장을 일으키기도 하며, 과거에 식민지를 경영했던 국가와 식민지였던 국가의 역할이 바뀌는 일도 일어날 것이다.

시스템의 위기가 경제적 혼란을 가중시키고 이렇게 발생한 경제적 혼란이 시스템의 위기를 가중시키는 악순환이 발생하며, 예기치 못했던 생태학적 문제와 국지적인 군사적 충돌이 경제를 더욱 불안정하게 만드는 일도 발생할 것이다. 이렇게 되면 혼란이 혼란을 부추기면서 악순환에 가속이 붙고, 사람들 사이에는 전례 없는 불안감이 형성될 것이다.

미래학자 해롤드 스트러들러(Harold Strudler)는 이와 같은 경제상황에 대해서 '에코스패즘'이라는 용어를 사용하기도 하지만, 종종 '히스테리시스 이코노미(hysteresis economy)', 즉 이력(履歷)경제라는 용어를 사용하기도 한다. 이는 경제를 구성하는 모든 시스템이 서로 다른 속도로 변화하면서 상호 간에 영향을 미치게 되고 이로 인해 무질서와 불확실성이 폭증한다는 것이다.

이력경제의 의미를 좀 더 구체적으로 알고자 한다면 1923년 독일의 인플레이션과 1930년대 미국의 대공황이 동시에 발생하는 경우를 상상해보면 된다. 이는 단지 스태그플레이션이라는 용어 정도로 설명될 수 있는 상황이 아니다.

이력경제는 매우 높은 수준의 인플레이션과 매우 심각한 수준의 경기침체가 갑작스럽게 충돌을 일으키는 상황이며, 이와 같은 상황으로 인해 피닉스 대학의 연구팀에서 분류한 불황의 다섯 가지 유형 외에 다음의 두 가지 유형이 더 생겨날 수 있다.

6. 선별적 불황(Selective Depression) : 국가 A, 국가 B, 경제섹터 C 등에서는 경제가 붕괴되어 오랜 기간 동안 회복되지 못하는 반면에, 국가 D, 국가 E, 경제섹터 F에서는 경제가 건전하게 유지되거나 더 나아가 경제가 정상적으로 성장한다.

7. 이동성 불황(The Mobile Depression) : 국가와 국가, 도시와 도시를 이동

하면서 불황이 나타난다. 이때 불황의 이동속도는 상당히 빠르며, 이 동성 불황이 발생하기 전후로 인플레이션이 발생하는 경우가 많다.

에코스패즘을 완전하게 이해하기 위해서는 생태, 군사, 사회, 문화 등의 분야에서 발생하는 이상 요인들이 경제에 미치는 영향을 함께 고려해야 한다.

경기침체를 빨간색 전구로 표시하고, 인플레이션을 초록색 전구로 표시하고, 여러 가지 다양한 분야에서 발생하는 이상 요인을 저마다 다른 색의 전구로 표시했을 때, 에코스패즘은 그야말로 색색으로 화려하게 전구들이 반짝이게 될 것이다.

에코스패즘이 발생하면 아무런 규칙도 없이 무질서하고 빠르게 여러 가지 색의 전구들이 점멸하는 통에 그 어떤 정책당국도 효과적인 대안을 마련해내지 못할 텐데, 이미 이와 같은 현상은 미국만이 아니라 거의 모든 산업국가에서 현실이 되어 있다.

피아트, 필립스, GM, 니폰 코칸 등에서 일하는 근로자들은 전보다 더 적은 시간 일하고 있고, 이미 많은 근로자들이 해고되어 직장을 잃은 상태이다. 몇몇 국가에서는 실업률이 사회불안을 야기할 수 있다고 여겨질 정도로 높아져 있는데, 미국만 하더라도 8퍼센트가 넘는 실업률을 기록하고 있다. 이 수치는 1941년 이후 가장 높은 수준이다.

실업률의 증가 속도는 유례가 없을 정도여서 이 원고를 탈고했을 때만 하더라도 미국의 실업률은 6퍼센트를 조금 넘는 수준이었으나 원고를 편집하는 사이 실업률은 2퍼센트나 더 늘어났다. 게다가 지금 미국의 실업률이 10퍼센트를 넘지 않을 거라고 확신할 수 있는 사람은 아무도 없다. 상황이 이렇게 변하는 데 걸린 시간은 단지 90일에 불과하다.

혼돈의 경제

전 세계적으로 근로자의 임금이 낮아지고 있고, 새로이 취업할 수 있는 기회도 줄어들고 있다. 그런데 대부분의 산업부문에서 침체가 발생하고 있는 반면 빠르게 성장하며 호황을 구가하는 산업부문도 나타나고 있다.

영국 하원의원이자 유럽평의회 부의장인 레이먼드 플레처는 이에 관하여 다음과 같이 설명한다. "어떤 산업부문에서는 침체가 발생하고 어떤 산업부문는 와해되겠지만, 그런 중에도 몇몇 산업부문에서는 정말로 놀라운 발전이 이루어질 것입니다."

또한 그는 지역구에서 행한 연설에서 다음과 같이 말했다. "제가 버밍햄에 가보았더니 그곳에 있는 기업들은 인력을 구하지 못해 곤란을 겪고 있었고, 숙련된 엔지니어들은 말 그대로 자신이 원하는 만큼 많은 임금을 받고 있었습니다. 제가 방문했던 플라스틱 제품 생산공장의 경우는 커다란 플라스틱 문에서부터 작은 플라스틱 포크까지 다양한 제품을 생산하고 있었는데, 그들은 외국에서 주문이 쏟아져 들어오는데도 사람을 구하지 못해 주문량을 대고 있지 못하다며 아쉬움을 표하고 있었습니다. 다른 곳에서는 일자리가 사라지고 있는 상황에서도 말입니다. … ”

한쪽에서는 실업률이 높아지고, 임금이 줄어들고, 제품가격이 떨어지고 있지만, 막스 앤드 스펜서나 셀프릿지 같은 유명 백화점이 몰려있는 영국의 중심가를 가보면 쇼핑을 하러 나온 수많은 사람들 때문에 길을 걷기가 어려울 정도이다. 애너벨이나 화이트 엘리펀트 같은 유명한 클럽을 보면 폼페이 최후의 날이라도 재현된 것처럼 신나게 노는 사람들로 가득하다.

사실상 파산상태인 이탈리아 정부는 지금 다른 나라로부터 돈을 구걸하러 다니고 있다. 이와 같은 상황에 대해 이탈리아의 전 재무부 장관이던 에밀리오 콜롬보(Emilio Colombo)는 “뜨겁게 달궈진 난로에 물을 부었을 때처럼 돈이 순식간에 증발해버리고 있습니다”라고 말한다.

하지만 비아 베네토 거리는 여전히 관광객과 쇼핑객들로 넘쳐나고 있고, 괜찮은 호텔에 투숙하려면 오래 전에 예약을 해야 한다. 분명 상류층에서는 돈이 넘쳐나고 있는 것이다.

게다가 이탈리아의 한 대기업 임원은 이탈리아에 대한 일반적인 전망에 반하는 희망적인 전망을 내놓고 있기도 하다. 그는 이렇게 말한다. “이탈리아는 2~3년 내로 세계에서 가장 강력한 영향력을 지니고 있고 가장 부유한 국가 가운데 하나로 발전할 겁니다. 바로 지리적 위치 때문에 그렇습니다. 지금 석유를 간절히 필요로 하고 있는 유럽과 석유를 가지고 있는 중동의 중간에 위치한 나라가 바로 이탈리아니까요.”

미국의 경우 건설회사에서 일하는 수많은 근로자들은 직장을 잃고 있는 반면 정유회사에서 일하는 근로자들은 고임금에 즐거워하고 있다. 또한 자동차를 생산하는 디트로이트의 경제는 심각한 침체를 겪고 있지만, 천연자원을 생산하는 와이오밍의 경제는 호황을 누리고 있다. 이러한 현상과 관련하여 벨 텔레폰 시스템의 헨리 보팅어(Henry Boettinger) 사장은 "거대한 전체는 거대한 룰렛과도 같다"고 말한다.

지금 국가와 국가, 지역과 지역, 심지어 개인과 개인 사이에서 서로 다른 경제현상이 발생하고 있다. 뉴욕 주 버팔로에서는 공식적으로 발표된 실업률이 10퍼센트가 넘는 반면 (버팔로의 실제 실업률은 20퍼센트에 달한다는 분석도 있다), 아이오와 주 세다 래피즈는 실업률 3퍼센트에 소매판매는 오히려 증가하고 있다.

최근에 실직한 루이스 호킨스(Lewis Hawkins)라는 건설기술자는 자신의 주변상황에 대해 매우 비관적으로 말하고 있었다. "앞으로 절도범죄가 더욱 늘어날 겁니다. 강도도 늘어날 것이고, 다른 범죄도 크게 늘어날 겁니다."

공공기관에서 실업자의 재취업 지원업무를 담당하고 있는, 6살짜리 어린 딸을 키우는 로지 워싱턴(Rosie Washington)이라는 직원도 "이대로 가다가는 미국에서 혁명이 일어날지도 모릅니다"라고 말한다.

하지만 플로리다에 있는 디즈니랜드 주변에는 비어 있는 호텔방을 찾기가 쉽지 않다. 디즈니랜드 주변에 있는 숙박업소의 객실 수를 모두 합치면 2만 7,000실 정도 된다고 하는데, 지금도 객실점유율은 93퍼센트에 이른다. 미국 상무부에서는 로키산맥 인근의 신도시에서 주택수요가 크게 늘어날 거라는 발표를 하기도 했다.

많은 업종에서 불황을 겪으면서도 커다란 인기를 끄는 제품들이 있다. 예컨대 커피 만드는 시간을 크게 줄여주는 신제품 커피메이커나 권총 손잡이형 헤어드라이어 같은 제품들은 불황에 더 잘나간다.

군수품을 취급하는 에이전트도 호황을 구가하고 있다. 터키에서는 전차 부품에 대한 수요가 크게 늘고 있고, 이스라엘은 더 많은 탄도 미사일을 필요로 하고 있으며, 오만이나 이란, 사우디아라비아 같은 나라에서도 이런저런 무기들을 추가로 구매하고 싶어한다.

그런가 하면 카리브해 인근에 있는 휴양지는 미국인 관광객들로 넘쳐나는 반면 미국 로스앤젤레스 경찰국에서는 '시위대 진압대'라는 별도의 팀을 만들어 시위진압훈련을 하고 있다. 경제상황에 불만을 가진 사람들이 폭력시위를 벌일 가능성이 높아졌다는 판단에서이다.

세계경제는 마치 정신분열증에 빠져 있는 것과도 같은 형국이다.

경제위기 시나리오 1

미국 대통령선거가 다가오고 있는 시점에 에코스패즘이 발생하여 미국의 실업률이 치솟고 있는 상황을 그려보라.

현직 대통령은 재선을 노리고 있는데, 백인 남성의 실업률만 하더라도 지역에 따라 조금씩 다르지만 12, 15, 20퍼센트 정도로 나타나고 있고, 특히 21세 이하 흑인 남성의 실업률은 50퍼센트에 다다르고 있다고 가정해보라.

자동차회사는 노조와의 협약에 따라 정리해고당한 실직 근로자에게 별도의 보상과 지원을 제공해야 할 것이다. 그런데 이미 매출과 수익이 급감하여 그렇게 할 여력이 없는 회사는 미국자동차노조연맹에 실직수당 및 복지혜택을 적정한 수준에서 줄이자는 제안을 할 것이다. 하지만 미국자동차노조연맹에서는 실직수당 및 복지혜택은 약속대로 지급되어야 하며, 회사가 그렇게 할 수 있는 능력이 안 된다면 연방정부에서 보증을 해서라도 약속은 지켜져야 한다고 주장할 것이다.

미국 대통령은 미국자동차노조연맹의 요구를 수용하겠다고 발표할 것이고, 백악관에서는 즉각적으로 관련 법안을 만들어 의회에 제출할 것이다. 하지만 그 법안은 상원에 계류된 채로 시간만 흘러가게 될 것이다.

그러는 사이 대통령은 경기침체의 여파를 심각하게 받은 도시에 대해서는 연방정부 차원에서 지원할 것이고 정부에서 나서서 공공부문의 채용을 늘릴 텐데, 신규 일자리의 상당부분이 저소득층 젊은이들에게 돌아갈 수 있도록 하겠다고 약속할 것이다.

생활물가는 경기침체에도 불구하고 계속해서 오를 것이다. 이제 대통령은 자신이 새로이 추진하려는 정책을 위해 새로운 과세법안을 의회에 요구하겠지만, 생활물가가 크게 오르는 것을 지켜보면서 의원들은 누구 하나 선뜻 나서서 증세법안을 처리하려 하지 않을 것이고, 결국 증세법안의 처리는 대통령선거 이후로 미루어질 것이다.

에코스패즘이 발생하면 곧이어 개인파산이 폭증할 것이다. 치과의사, 항만노동자, 젊은 신혼부부, 은퇴한 연금생활자 등 전 계층에서 기존의 생활을 유지하는 데 어려움을 겪을 것이다. 개인파산자들이 폭증하면 소비자금융이 경색되는데, 그럼 몇 명의 상원의원들은 별도의 공공기관을 하나 만들어 신용카드사와 상업은행의 부실채권을 인수하여 금융경색문제를 해결하자고 제안할 것이다. 그래야 미국경제가 계속해서 돌아갈 수 있기 때문이다.

경제위기가 지속되면 사람들은 식량위기가 닥쳐올 거라는 두려움을 갖게 되는데, 그로 인해 곡물가격이 폭등하고 농업회사의 수익은 치솟을 것이다. 그럼 세계적인 농업회사들은 이 기회를 이용하여 다른 회사를 인수하고 기업의 규모를 더욱 늘리려고 할 것이다.

에너지 가격이 폭등하면서 유타지역의 탄광들은 석탄생산량을 늘리려고 하겠지만, 곧 그러한 계획이 실현 불가능한 일임을 알게 될 것이다. 실직 상태에 있는 숙련된 광부들이 존재하지 않기 때문이다.

오히려 임금인상을 요구하며 광부들이 대대적인 파업을 벌이면서 석탄공급량은 크게 줄어들 것이고, 미국 북동부 공업지대에서는 석탄재고량이 바닥을 보이면서 곤란을 겪게 될 것이다.

이렇게 되면 미국 북동부 뉴잉글랜드지역 6주의 주지사들은 대통령과 면담을 갖고 미국의 남부지역과 중서부지역에 있는 석탄을 북동부지역으로 운송하는 특별대책을 마련해줄 것을 요청할 것이다.

그러나 주지사 선거를 앞두고 있는 상황에서 콜로라도 주 주지사의 경우는 "연방정부가 콜로라도 주 주민들이 이번 겨울을 춥게 나지 않을 거라고 약속해주기 전까지는 콜로라도에 있는 단 1톤의 석탄도 주 경계 밖으로 빠져나갈 수 없을 것입니다"고 말하며 석탄공급 특별대책에 대해 반대 목소리를 낼 것이다.

미국 인접국인 캐나다에서는 자국이 보유하고 있는 석유를 미국에 공급해줄 수 있다는 의견을 내비칠 것이다. 캐나다 민족주의자들은 "OPEC 공급가격에 별도의 운송비와 마진을 붙이고, 여기서 얼마의 가격을 더 붙인 후에 미국에 석유를 팔아야 한다"고 주장할 것이다.

영화분야에서는 진취적인 여성을 주인공으로 내세운 영화가 대히트를 기록하면서 기존의 〈대부*The GodFather*〉라는 영화가 가지고 있던 기록을 깨뜨릴 텐데, 그럼 각종 연예지에는 다음과 같은 제목의 기사가 실릴 것이다. "새로운 타입의 여성이 마피아 대부를 무찌르다!"

이와 같은 일이 벌어지는 동안 뉴욕증시의 주가는 폭락을 거듭하고 있겠지만 그런 중에도 몇몇 기업의 주가는 차별적으로 상승할 것이다.

미국에 에코스패즘이 발생했는데도 다우존스지수가 300포인트 아래로 내려가지 않았다면 그것은 아랍, 인도네시아, 이란, 베네수엘라, 러시아 등의 산유국 부자들 덕분일 것이다. 다우존스지수가 350포인트 수준에 근접하면 이들 산유국 부자들은 막대한 보유현금을 활용하여 뉴욕증시의 우량주 위주로 대대적인 투자를 행할 것이고, 그 결과 미국 주요 기업들의 경영권이 일부 이들에게로 넘어갈 것이다.

가령 베네수엘라는 〈마이애미 뉴스*Miami News*〉의 대주주로 등장할 것이다. 이란은 자신들에 대한 모욕적인 기사를 게재한 적이 있는 〈하퍼스Harper's〉 매거진의 대주주로 등장하여 주요 필진에 대한 보복조치를 취할 수도 있다. 중동의 부자들은 미국의 주요 보험사와 주요 언론의 대주주가 될 것이고, 전투기 부품을 생산하는 주요 군수업체의 협력회사를 인수할 것이고, 다량의 미국 내 부동산을 매입할 것이다.

러시아 자본의 경우는 뉴욕증시에 직접적으로 진입할 수는 없겠지만 스위스 금융기업을 내세워 미국의 농업회사를 인수할 것이다. 그러한 농업회사를 통해 미국의 대 러시아 식량수출정책에 영향력을 행사하려 할 것이다.

인도네시아의 부자들은 외국으로 자산을 빼돌리기 위한 목적으로 미국의 항공사와 유명 호텔에 대한 지분을 확대할 텐데, 그러는 중에 자카르타 시내의 한 호텔에서는 폭탄테러가 일어나며 인도네시아 정국을 더욱 혼란스럽게 만들 것이다.

인도네시아의 텔레비전에서는 폭탄테러로 인해 일본인 관광객 세 명과 호텔 직원 한 명이 중경상을 당했다는 보도와 함께 폭탄테러를 주도했다고 주장하는 단체가 보내온 비디오테이프를 틀어줄 것이고, 비디오테이프에는 자신을 인도네시아 해방군 대위라고 소개하는 한 여성이 나와 "수하르토 물러가라!"라고 외치는 모습이 나올 것이다.

이제 미국 대통령선거가 임박한 10월 중순경이 되면서 미국 전역에서 주택 임차료가 가파르게 상승하는 경우 엄청난 수의 임차인들이 거리로 몰려나와 정부에서 임차료 상승에 대한 대책을 세워줄 것을 요구하며 시위를 벌일 것이다. 하지만 임차료를 인하하려는 백악관의 시도에 대해 다량의 미국 부동산을 소유하고 있는 중동의 부자들은 전문 로비스트를 고용해 백악관에 압력을 넣을 것이다. 부동산 임차료를 강제적으로 낮추려고 했다가는 미국에 대한 석유 수출을 당장 줄여버릴 거라는 식으로 말이다.

경제위기 시나리오 2

그로부터 며칠 후 미국 식품의약국 국장은 대통령을 찾아가 '긴급한 상황'이 발생했다며 보고를 할 것이다. 그는 각종 분석데이터가 들어 있는 382쪽짜리 두꺼운 보고서를 대통령에게 들이밀며 사태가 너무나도 중대하기 때문에 신속한 조치가 취해져야 한다고 말할 것이다. 그 보고서에는 스탬프로 찍힌 '극비'라는 글자가 선명하다.

사태는 이렇다.

지금 미국 전역의 소매점에서 흔하게 팔리고 있는 유아용 식품에 '아르세온 옐로우'라는 이상한 이름의 식품첨가물이 들어있는데, 그 아르세온 옐로우가 유아들 사이에 심각한 정신지체를 유발할 수 있다는 것이다. 상황을 보고받은 대통령은 선거전략가와 보좌관으로부터 의견을 들은 다음 신속하게 움직이기 시작할 것이다.

그날 저녁, 텔레비전에 모습을 드러낸 대통령은 "아직까지 심각한 문제가 발생하지는 않았고 이는 선제적인 조치일 뿐"이라는 점을 강조하며 앞으로 식품을 생산하는 기업에서는 모든 유아용 식품에 아르세온 옐로우의 사용을 잠정적으로 중단해주고, 또 식품을 판매하는 소매점들은 미국 식품의약국의 조사가 끝날 때까지 아르세온 옐로우가 첨가되어 있는 모든 유아용 식품을 판매대에서 수거해줄 것을 요청할 것이다.

계속해서 대통령은 아르세온 옐로우를 대체할 수 있고 안전한 것으로 판명이 났지만 가격이 비싸서 식품에는 잘 사용되지 않는 '제로나세폰' 첨가물의 생산기업에 대해, 제로나세폰의 공급물량을 앞으로 식품회사 쪽으로 돌려주어 유아용 식품공급이 종전과 같이 정상적으로 이루어질 수 있도록 협조를 요청할 것이다.

하지만 제로나세폰이 있어야 정상적으로 제품을 생산할 수 있는 플라스틱 제품기업들은 이 같은 대통령의 발언에 위기감을 느끼고 제로나세폰 생산기업에 대해 전보다 더 많은 물량을 공급해줄 것을 요구할 것이다. 제로나세폰 재고량을 늘리기 위해서이다.

그때부터 제로나세폰의 가격은 배럴당 12.2달러에서 배럴당 33.82달러로 치솟을 것이고, 그에 따라 제로나세폰 생산기업의 주가 역시 폭등할 것이다. 그러는 사이 미국 전역의 소아과는 자신의 자녀들이 아르세온 옐로우에 중독되어 있지는 않은지 확인받고자 하는 엄마들로 넘쳐날 것이다.

에코스패즘이 발생하여 사회 전반에 위기감이 형성되면서 주가가 상승하는 업종도 차별화될 것이다. 자가발전기, 태양열 기기, 캠핑장비, 총기류 같은 제품을 생산하는 기업들은 매출과 이익이 크게 늘면서 주가도 크게 오를 것이다.

하지만 여전히 우울한 분위기가 경제전반을 지배하고 있을 것이다. 아르세온 옐로우 사태로 인해 대통령이 텔레비전 특별담화를 한 며칠 뒤인 10월 20일경 대통령 경제보좌관, 재무부, 연방준비은행, 그리고 새로이 조직된 생활물가위원회 등의 공동명의로 이번 위기상황이 진정될 때까지 모든 정무직 공무원은 별도의 추가수당 없이 하루에 10시간씩 근무할 것이라고 발표할 것이다.

특히 재무부 장관은 자신의 운전기사와 링컨 컨티넨탈 리무진에게 이별을 고하고 GM의 셰브롤레에서 만든 소형차에 올라타 직접 운전대를 잡는 모습을 언론을 통해 내보낼 것이다. 그러나 그와 같은 기사가 언론을 통해 공개된 당일 오후에 포드의 링컨 사업부에서는 이같은 조치는 포드에 대한 차별적인 조치라며 항의전문을 보낼 것이고, 전미 운전자노동조합에서도 장관 소속 운전기사를 임의로 해고한 데 대해 항의할 것이다.

그런가 하면 미국 정부에서는 체이스 맨해튼 은행의 데이비드 록펠러(David Rockefeller) 총재와 미국 내 최대 노동단체인 전국노동자연맹-산업별노동조합(AFL-CIO)의 조지 미니(George Meany) 위원장을 공동위원장으로 내세우는 '국가통합위원회'라는 것을 만들어 모든 미국인이 하나로 힘을 합쳐 이번의 국가적인 위기를 헤쳐나가자는 메시지를 전달할 것이다.

경제위기 시나리오 3

이와 같은 노력에도 불구하고 10월 말이 되면 오하이오 주 클리

블랜드에 있는 한 자전거회사에서 심각한 수준의 폭력적 충돌이 빚어질 것이다. 바로 얼마 전까지만 하더라도 그 자전거회사에서는 업계 전체의 공급능력이 자전거 수요를 따라가지 못했을 정도로 호황이어서 700명의 인력을 추가로 채용하여 생산량을 크게 늘렸었다. 그러나 자전거 수요가 급감하면서 회사에서는 4,000명의 직원을 해고하기로 결정하였고, 이에 반발하는 해고자들이 모여 시위를 하기 시작할 것이다.

처음에 가벼운 몸싸움으로 시작된 시위는 곧 백인과 흑인 사이의 인종충돌로 확산될 것이다. 그리고 밤이 되면 공장 인근의 여섯 개 블록에서 불길이 치솟고 있을 것이다. 사태가 이렇게 심각해지면서 현장에는 주방위군이 투입되겠지만, 폭력사태를 통제하는 데는 실패할 것이다.

이튿날 이른 새벽에 오하이오 주 주지사는 연방군의 투입을 대통령에게 요청할 것이고, 대통령은 오후 3시가 넘어서까지 그 문제에 대해 고민하고 있을 것이다.

그런데 그 무렵 사우디아라비아에서 쿠데타가 일어났다는 소식이 대통령에게 보고될 것이다. 쿠데타를 주동한 사람들은 군내 좌익세력인데, 그들은 이미 군대와 라디오방송국을 장악했고 사우디아라비아 왕궁을 공격하고 있는 중이라는 소식이다. 이들의 쿠데타 시도는 CIA(미 중앙정보국)와 KGB(소련 국가보안위원회)도 미처 알지 못했다고 한다.

자정 무렵 사우디아라비아 왕의 체포가 임박한 시점에서 동쪽 지중해에 있는 미군함대에는 사우디아라비아의 왕이 쿠데타 세력에게 보내는 강력한 경고메시지가 포착될 것이다. 지금 당장 왕궁에서 철수하지 않으면 유전과 석유저장고를 폭파하겠다는 것이다. 유전과 석유저장고가 폭파되면 상당량의 석유자원도 사라지지만 이차적으로 환경오염을 수반하기에 더욱 심각한 문제가 될 수 있다.

한 시간도 안 되어 쿠데타 세력은 그 같은 경고에 굴하지 않을 거라는 답을 보낼 것이고, 왕에 대한 영원한 충성을 맹세한 사우디아라비아의 공군부대에서는 폭격기를 띄울 것이다. 왕의 의지를 보여주기라도 하듯 폭격기 전대는 라스타누라에 위치한 아람코의 석유저장고에 폭격을 감행할 것이고, 12개의 대형 석유저장탱크는 하나씩 폭발할 것이다.

곧이어 왕은 쿠데타 세력에게 지금 당장 왕궁에서 철수하지 않으면 쿠데타에 성공하더라도 쿠데타 세력이 손에 쥐는 거라고는 불에 그슬린 모래언덕밖에 없을 거라는 경고를 보낼 것이다.

몇 시간 뒤 그러한 상황을 찍은 위성사진이 미국 대통령에게로 보고될 것이다. 상황이 그쯤 되면 지중해와 인도양에 파견되어 있던 미군함대는 사우디아라비아 인근해역으로 이동하기 시작할 것이고, 미국 국무부 장관은 다른 나라에 이런 메시지를 보낼 것이다. "지금의 사태를 이용하여 중동에서의 영향력 확대를 시도하지 말라!" 그리고 미군은 즉각적으로 핵전쟁 대비에 돌입할 것이다.

여전히 미국 상원에서는 미국자동차노조연맹에서 요구한 실직수당 및 복지혜택에 대한 정부보증을 통과시키지 못하고 있을 테지만, 그러는 사이 국방부에서는 새로운 미사일 시스템을 포함한 몇 건의 대형 국방 프로젝트 추진에 대한 상하원 의회의 재가를 받아내는 데 성공할 것이다.

한편 오하이오 주에 있는 록웰 인터내셔널, 캘리포니아 주에 있는 맥도넬 더글러스, 뉴저지 주와 펜실베이니아 주에 있는 RCA와 GE의 생산시설에서는 충분한 수의 엔지니어와 숙련된 기술자를 구하지 못해 애를 먹고 있을 것이다.

하지만 같은 캘리포니아 주 내에서도 샌프란시스코의 경우는 사상 처음으로 도시 실업률이 15퍼센트가 넘어섰다는 우울한 뉴스가 들려올 것이다. 이제 샌프란시스코 시정부에서는 여러 군데의 무료 배급소를 설치하고 그곳에서 시민들에게 음식과 함께 합법적인 마리화나를 무료로 제공하기 시작할 것이다.

이 같은 조치에 대해 〈샌프란시스코 크로니클*San Francisco Chronicle*〉은 마리화나의 '사회적 이용'은 시민들이 어려운 시기를 이겨내는 데 도움이 되는 현명한 조치라고 칭찬할 것이다. 한편 샌프란시스코의 〈이그재미너*Examiner*〉는 사설을 통해 "마약의 배포와 이용을 중단하라!"고 주장하며 시정부의 조치를 비판할 것이다.

미국 정가에서는 정쟁이 더욱 치열해질 것이다. 공화당은 "민주당은 인플레이션의 원흉이고, 이제는 전쟁이나 일으키려 하고 있다"고 비난할 것이고, 민주당은 "공화당 때문에 미국 중산층에서 수많은 파산자들이 나올 것이다"고 말할 것이다.

미국의 성난 소비자들은 슈퍼마켓을 점거한 다음 유아용 식품을 불태우면서 정부에서 나서서 식료품 가격을 인하할 것을 요구할 것이다.

농민과 농업회사 간의 분쟁도 극단으로 치달을 것이다. 농민은 종이화폐를 받고서는 더 이상 돼지를 공급할 수 없으며, 종이화폐를 받느니 그냥 돼지를 폐사시켜버리겠다고 으름장을 놓을 것이다. 그들은 농업회사에서 돼지공급가격을 올려주고, 더 나아가 돼지공급가격을 석유가격에 연동해줄 것을 요구할 것이다.

식량가격이 폭등하면서 도시에 거주하는 일반 시민들은 여러 가지 자구책을 마련하려 할 것이다. 맨해튼의 한 아파트 단지에서는 주민들이 조합을 결성하여 뉴욕 주 북부에 있는 대규모 농장을 인수함으로써 직접 곡물과 유제품을 공급받게 될 것이다. 조합은 주민들이 가구당 2,000달러씩 투자하여 그 지분을 소유하고, 나중에 아파트를 팔게 되면 새로 아파트를 소유하는 사람이 지분까지 인수하는 식으로 운영될 것이다.

어떤 기업가는 자신이 캘리포니아 북부에 대규모 농지를 구입해놓았고 그곳에서 공동생활체를 구성하려고 하는데, 참가를 희망하는 사람들은 생활에 필요한 일체의 장비 및 도구를 가지고 자신의 공동생활체로 들어오라는 내용의 신문광고를 낼 것이다.

광고가 나가면 공동생활체 참여를 희망하는 수많은 사람들의 편지가 쇄도할 것이고, 그의 집으로 편지를 배달하는 우편배달부는 무슨 편지가 그렇게 많이 오냐며 불만을 토로할 것이다.

그런가 하면 조합이나 공동생활체를 구성하지 않는 도시민 중에는 공터나 공원에 가시울타리를 치고 직접 토마토, 당근, 호박 같은 작물을 재배하는 사람들도 많이 나타날 것이다.

최후의 수단

그러다 10월 말에 이르러 미국과 스위스 유수의 핵연구소에서는 러시아의 바이칼 호수 인근에서 대규모 핵폭발이 일어났을 가능성이 매우 높다는 보고서를 잇달아 작성할 것이고, 그에 관한 소식은 곧바로 백악관으로 전달될 것이다.

러시아 핵폭발에 관한 소식을 들은 미국 대통령은 정부기관에 자세한 정보를 수집할 것을 지시하고, 지시를 받은 정부기관에서는 여러 가지 경로를 통해 정보를 수집한 다음 핵폭발이 일어난 것은 맞는데, 그것은 러시아 정부의 계획된 핵실험이 아니라 단순한 사고였다는 보고를 해올 것이다.

미국 대통령은 많은 수의 러시아 민간인들이 이번 핵폭발로 죽거나 다쳤을 거라는 보고도 받게 될 것이다. 아직 방사능 오염정도에 대해서는 확인된 정보가 없지만, 이번 핵폭발로 인한 간접피해는 중국 국경지대까지 이어질 것으로 추정된다는 보고가 뒤따라 나올 것이다.

여기까지 정보를 입수한 미국 대통령은 모스크바에 핫라인을 연결하여 긴급구조팀을 파견할 용의가 있다는 제안을 하겠지만, 모스크바는 그러한 제안을 단박에 거절할 것이다.

10월 31일 미국 상원 노동위원회 의장이 출근길에 납치당하는 일이 벌어질지도 모른다. 버지니아 주 폴스처치에 있는 자신의 집에서 나와 출근하던 그는, 자신의 자동차 뒤로 초록색 미니밴이 미행하고 있다는 사실도 모른 채 운전에만 열중하고 있을 것이다.

그러다 집과 의사당 중간쯤 되는 거리에서 신호등에 걸려 하얀색 포드 세단 뒤에 정차한 순간 그 포드 세단이 갑자기 후진하여 의원의 자동차를 들이받을 것이다. 의원이 당황해하는 순간 이번에는 뒤에 있던 초록색 미니밴이 의원의 자동차 후방을 들이받고, 앞뒤 자동차에서 뛰어내린 괴한들은 의원을 포드 세단에 강제로 태운 다음 재빨리 현장을 빠져나갈 것이다.

그로부터 몇 분 뒤, 상원 노동위원회 사무실로 한 통의 전화가 걸려올 것이고, 전화를 건 남자는 이렇게 말할 것이다. "잘 들으시오. 우리는 누구도 다치게 하고 싶지 않소. 하지만 해고된 자동차 노동자들이 사용자로부터 받기로 되어 있는 실직수당과 복지혜택을 약속대로 받을 수 있도록 연방정부에서 보증하는 법안을 상원에서 통과시키지 않는다면 상원 노동위원회 의장을 처단할 수밖에 없소. 시간은 열 두 시간을 주겠소. 우리는 일이 어떻게 진행되는지 계속 지켜볼 것이오. 상원에서 그 법안을 통과시키고 백악관으로 보낸다면 즉각 의원을 풀어줄 것이오. 하지만 의원이 처단된 후에도 상원에서 계속해서 법안을 통과시키지 않는다면 우리는 추가적으로 상원의원들을 처단할 것이오. 우리 자동차 노동자 동지들이 당연히 받아야 할 보상을 모두 다 받을 때까지 우리의 행동은 계속될 것이오."

상원 노동위원회 의장의 납치소식은 긴급뉴스로 편성되어 미국 전역에 알려질 것이고, 뉴스가 보도되고 몇 분 후에는 미국자동차 노조연맹에서 이번 납치사건에 대해 다음과 같은 비난성명을 발표할 것이다.

"이번 사건은 어리석고 위험한 과격분자에 의한 행위이고, 우리 미국자동차노조연맹은 설립 이후 지금까지 이와 같은 행위에 대해 대항해온 역사적 전통을 가지고 있습니다. 우리는 언제나 민주적인 절차를 추구합니다. 지금 우리는 우리 미국의 자부심에 손상을 입힌 이 테러리스트들에 대해 2만 5,000달러의 현상금을 걸 것입니다. 상원의원의 소재 혹은 테러리스트에 관한 정보를 알고 계신 분은 저희에게로 연락주시기 바랍니다."

혼란은 계속 혼란을 가중시킬 것이다. 중동에서는 위기가 고조되고 있고, 이란은 전군동원령을 내려놓은 상태이고, 미국에서는 흑백 간 인종충돌이 빚어지고 있고, 농민들의 시위가 전국으로 확산되고 있다.

부품공급에 차질이 빚어지면서 군수기업의 공장은 제대로 가동되지 않고, 석탄광을 소유한 기업은 자신들을 '더럽다' 고 비난한 코미디언과 해당 코미디언이 출연했던 방송사 사장의 공개사과를 요구하며 석탄공급을 중단하고, 미국 재향군인회에서는 사우디아라비아에 미군의 즉각 개입을 요구하며 시위를 벌인다. 한편 빌리 그레이엄 목사는 10만 명의 군중이 운집한 가운데 "하나님의 심판이 가까이 왔다"며 설교한다.

이쯤 되면 미국 대통령은 방송사에 요청하여 백악관에서 특별담화를 행할 것이고, 특별담화의 내용은 다음과 같을 것이다.

"지금 미국은 국가적인 위기에 봉착해 있습니다. 나라 안팎에서 여러 가지 위험요소들이 우리를 노리고 있습니다. 이와 같은 상황을 직시하여 오늘밤 저는 불가피하게 행했던 몇 가지 조치를 발표하겠습니다. 우선 국방부에 대해서는 전군에 비상경계령을 내리도록 하였습니다. 또한 국가안보를 강화하기 위해 모든 주 방위군을 연방군 통제 하에 두도록 하였습니다. 그리고 저는 입법부와 사법부에 대해 다가오는 대통령 선거일을 90일 동안 연기해줄 것을 요청한 상태입니다. 이것이 통상적인 조치가 아닌 줄은 잘 알고 있지만…."

최악의 경제적 재앙

에코스패즘이 발생한 상황에서 몇 가지 중대한 사건이 터져 나오는 경우 '화폐의 완전 붕괴라는 역사상 최악의 경제적 재앙'이 발생할 수도 있다. 이는 국제적인 금융 컨설턴트 조지 프리덴슨(George Friedensohn)의 표현을 빌린 것이다.

심각한 경기침체가 발생하여 사람들이 은행에서 모두 다 돈을 빼버리거나, 혹은 슈퍼 인플레이션이 발생하여 사람들이 물물교환을 하는 수준에 이르는 경우를 생각해보라. 컴퓨터의 속도가 빨라질수록 파국이 확산되는 속도 역시 빨라질 것이다. 이렇게 되면 전 세계적으로 국가시스템의 붕괴현상이 발생할 수 있는데, 미국도 여기서 예외가 되기는 어려울 것이다.

세상은 무질서해지고 그 무엇도 예측하기 어려울 것이다. 여러 가지 경제위기 시나리오 가운데 어느 하나만 현실이 되더라도 국가경제는 금세 붕괴될 수 있다. 게다가 지금은 세계 각국의 경제가 서로 밀접하게 연결되어 있고 경제상황에 영향을 끼칠 수 있는 중요한 변수도 크게 늘어나 있는 상태이기 때문에 경제가 크게 불안해질 가능성도 그만큼 증가했다고 할 수 있다.

국가 간의 통합과 더 빠른 경제발전을 추구하는 것은 장점만 있는 것이 아니다. 장점만큼이나 단점도 있다. 오늘날의 세계경제에서 균형을 유지하는 것은 그 어느 때보다 더 어려워졌으며, 이러한 이유에서 나는 4장과 5장의 시나리오보다 6장의 시나리오, 즉 에코스패즘이 발생할 가능성이 더 높다고 생각한다.

에코스패즘 시나리오가 발생 가능한 모든 사건을 담고 있는 것은 아니지만, 어쨌든 그에 대해 생각해 볼만한 가치는 충분하다. 에코스패즘이 발생하면 세계 각국은 자국산업을 보호하기 위해 관세장벽을 높일 것이고, 그럼 전 세계의 무역시스템은 심각한 타격을 받을 것이다.

또한 에코스패즘은 세계 각국의 정치적 지각변동을 유발할 것이다. 사회주의 국가처럼 보이기도 하는 스칸디나비아 내에서는 우익세력이 빠르게 정치적 입지를 강화할 것이고, 지중해 국가에서는 마르크스주의가 다시 세력을 확장할 것이고, 러시아에서는 민족주의자들이 활개를 칠 것이고, 중동지역에서는 국가 간 분쟁이 심화될 것이다.

미국이나 유럽에서 경찰들이 수십 명의 외국인 노동자들을 포박하여 거칠게 몰고 가는 장면도 텔레비전에 자주 비춰질 것이다. 미국이나 유럽에서는 그전까지 자국민들이 기피하는 노동을 수행해온 수백만 명의 외국인들을 추방할 것이고 사회 분위기도 경직될 것이다.

그런가 하면 미국 자동차회사들은 수익성 악화를 이유로 영국 내에 있는 자동차공장을 폐쇄하려고 할 텐데, 그럼 영국 정부에서는 공장이 폐쇄되는 것을 막기 위해 자동차공장에 대한 국유화조치를 단행할지도 모른다.

스코틀랜드의 민족주의단체는 북해에 인접한 석유시설을 폭파하고, 호주와 뉴질랜드에서는 준군사조직이 무력시위를 벌이는 일도 일어날 수 있다.

생각하기는 싫지만 마지막으로는 대규모 전쟁이 발발할 수도 있다. 포드 대통령과 키신저 장관은 중동지역에서 미군의 영향력을 확대하려고 할까? 이미 〈뉴욕*New York*〉지에서는 이에 관한 특집기사를 다루기도 했다. 이 잡지의 표지에 그려져 있던 포드 대통령과 키신저 장관의 호전적인 모습을 생각해보라.

게다가 사람들 사이에는 중동지역에서의 전쟁과 미군의 개입에 관한 루머가 떠돌고 있기도 하다. 미국이 석유가격을 계속해서 올리고 있는 중동산유국에 대해 무력행동을 취할 수도 있고, 지금 석유파동으로 심각한 침체를 겪고 있는 일본과 호주에서는 이스라엘이 대규모 유전지역을 장악할 수 있도록 대대적인 지원을 제공할 수도 있다. 중동의 테러리스트들이 손가방만한 핵폭탄을 만들어 시카고나 오사카, 마르세유 같은 대도시에서 터뜨리려는 시도를 할 수도 있다. 이같은 일은 얼마든지 가능한 일이다.

7

위기에 대처하는 방법

TOFFLER

TOFFLER

TOFFLER

미래의 운명은 결정되어 있는 것이 아니며, 우리가 지금 어떤 선택을 하느냐에 따라
우리의 미래는 크게 달라진다. 경제위기 시나리오를 살펴보면
우리 사회의 어느 부분에서 변화가 이루어져야 하는지를 파악할 수 있는데,
현재 시점에서 이를 기반으로 현명한 선택을 내린다면
우리가 기대하는 미래를 만들어나갈 수 있다.

아무리 현실적이라 하더라도 시나리오는 가상의 일일 뿐이다. 물론 시나리오는 충분히 발생 가능한 일을 상상한 것이고, 이를 기반으로 마련한 대안들을 통해 많은 문제들을 해결할 수 있기도 하다. 하지만 시나리오를 통해 미래의 상황을 그려볼 수 있다고 해서 그것을 미래에 대한 '예언(prediction)'으로 지나치게 진지하게 받아들이지는 말기 바란다.

경제위기의 본질에 집중해야

자동차회사에서 일하는 몇 명의 젊은 노동자들이 정부 정책에 너무나도 분노한 나머지 미국의 상원의원을 납치할 거라는 시나리오에 대해 근거를 대보라고 하면 사실 근거를 댈 수는 없다. 하지만 이는 얼마든지 일어날 수 있는 일이며, 납치범은 자동차 노동자만이 아니라 미국인 농부가 될 수도 있고, 멕시코 출신 외국인 노동자가 될 수도 있다. 또한 파리에서 일하는 알제리 출신 노동자 혹은 오타와의 에스키모 출신 젊은이도 이와 유사한 일을 프랑스와 캐나다에서 벌일 수 있다.

마찬가지로 사우디아라비아에서 군사 쿠데타가 일어날 거라는 역사적 필연성은 없으며, 사우디아라비아의 왕으로서는 특별히 불안해할 필요도 없다. 그러나 중동지역에서 군사 쿠데타가 일어날 가능성은 얼마든지 있는 일이다. 원자력발전소로 인한 재앙적인 사고는 지금의 소련지역에서 일어날 가능성이 더 높지만, 미국이라고 해서 그러한 사고의 발생 가능성에 대해 완전히 마음을 놓을 수는 없다.

게다가 요즘은 비관적인 전망을 내놓는 것이 유행인 듯하다. 지식인들은 다수의 사람들이 식량부족과 그로 인한 기아를 겪을 것이라는 멜서스 식의 전망을 내놓고 있고, 영화에서는 지진이나 고층빌딩의 대화재 같은 재난을 다루고 있다. 공상과학소설 역시 절망적인 미래상을 묘사하고 있고, 산업계에서는 지금보다 과거의 시절이 더 좋았다며 향수 마케팅을 시도하고 있다.

물론 내가 소개한 경제위기 시나리오 역시 다분히 비관적이다. 하지만 비관적인 전망 자체보다는 다가오는 경제위기의 본질에 대해 집중한다면 이 시나리오들은 숙지할 만한 가치가 있다고 생각한다.

다시 한 번 강조하지만 다가오는 경제위기는 1923년 독일의 인플레이션이나 1930년대 미국의 대공황 같은 과거 경제위기의 반복이 되지는 않을 것이다. 다가오는 경제위기는 생태, 첨단기술, 사회, 군사 등의 요인이 복합적으로 작용하면서 만들어질 것이며, 그렇기 때문에 지금의 경제위기를 과거 경험을 토대로 이해하려는 시도는 무의미한 시도가 될 것이다.

현명한 선택

나는 경제위기 시나리오가 새로운 차원의 경제위기를 이해하는 데 도움이 되기를 바랄 뿐, 그것이 여러분이 바라보는 미래를 암울하게 만들기를 원하지는 않는다.

우리는 미래의 상황에 대해 얼마든지 긍정적인 시나리오를 만들 수 있으며, 그러한 시나리오에는 청정에너지의 개발이라든지 새로운 에너지원의 발견 같은 요소들이 포함될 것이다.

서방세계에서 소고기를 먹는 것을 금하는 종교가 크게 확산되는 경우도 생각해볼 수 있다. 서방세계 사람들이 소고기를 먹지 않는다면 소들이 먹어대는 엄청난 양의 곡물이 다른 지역의 사람들에게로 공급될 수 있다.

핵확산을 금하는 강력하고도 새로운 국제조약의 결성, 중앙집중화의 약점과 비효율성을 인식하고 지역화와 분권화를 추구하는 새로운 정치 리더의 등장도 낙관적인 미래 시나리오에 포함될 수 있다.

기존의 조립라인을 대체하는 좀 더 인본주의적인 생산시스템이 도입되는 것, 일반 근로자와 소비자가 예전에 비해 높은 수준의 구매력을 갖게 되는 것, 여성에게 출산과 양육 이외의 역할을 수행할 수 있는 기회가 더 많이 주어지는 것도 낙관적인 시나리오의 요소가 될 수 있다.

암치료법의 획기적인 개선, 더 저렴한 단백질 공급원의 개발, 유아의 지능을 높여주는 새로운 유아식 성분의 발명 등에 대해서도 생각해보라. 어류양식의 획기적인 발전이나 해조류의 재배 같은 일도 꿈만은 아니다. 만약 이 같은 일이 가능해진다면 지금의 식량문제는 크게 개선될 것이다.

폐열을 이용한 난방 기술이 상용화되고, 우주개척을 통해 우주에 있는 자원을 이용하게 되는 날도 생각해보라.

많은 사람들이 E. F. 슈마허(Schumacher)가 말한 "작은 것이 아름답다"는 말을 자신의 신조로 받아들이고, 아직은 상상단계에 있는 많은 신기술이 상용화되어 제3세계의 경제가 안정적으로 발전하게 되고, 의학의 발달로 노인들이 생의 마지막 10년을 건강하게 보낼 수 있게 되고, 많은 선지자들이 나타나 새로운 문명에 걸맞은 새로운 가치관을 전파하는 일도 언젠가는 현실이 될 수 있다.

위기가 닥쳐올 수는 있지만 우리도 두 손을 놓고 있지는 않을 것이다. 미래의 운명은 결정되어 있는 것이 아니며, 우리가 지금 어떤 선택을 하느냐에 따라 우리의 미래는 크게 달라진다.

경제위기 시나리오를 살펴보면 우리 사회의 어느 부분에서 변화가 이루어져야 하는지를 파악할 수 있는데, 현재 시점에서 이를 바

탕으로 현명한 선택을 내린다면 우리가 기대하는 미래를 만들어나
갈 수 있을 것이다.

통합적인 해법의 필요성

이 책을 쓰기 위한 취재와 인터뷰 과정에서 나는 두 가지 원칙을
절실하게 마음에 새기게 되었다. 이 원칙을 교훈이라고 해도 좋다.
하지만 전 세계의 정치지도자와 정부관료, 경제전문가 가운데 너
무나도 많은 이들이 이 두 가지의 중요한 원칙을 아무렇지도 않게
무시하고 있었다.

그들은 과거의 타성에 젖어 잘못된 방향으로 경제의 마지노 요새
를 짓는 일에만 열중하고 있었다. 과거의 상황과는 다른 경제위기
시나리오가 점점 더 현실이 되어가고 있는 상황에서 말이다.

그 두 가지 원칙 가운데 하나는 "경제학만으로는 경제위기를 해
결할 수 없다"는 것이다. 우리가 겪게 되는 문제들 가운데 많은 것
들은 경제적인 목표를 추구하는 과정에서 만들어진다. 특정 수준
이상의 성장률이나 특정 수준 이하의 실업률을 맹목적으로 추구하
면서 그로 인한 부작용을 살펴보지 않기 때문에 문제들이 발생하는
것이다.

우리가 만약 에너지 고갈의 가능성에 대해 미리 고민했더라면,
우리가 만약 몇몇 기술이 환경에 미치는 악영향을 미리 인지할 수
있었더라면, 우리가 만약 후생경제학이 삶의 질과 지역사회의 활

동을 위축시킬 것이라는 사실을 미리 알았더라면, 그랬더라면 우리는 지금과는 다른 길을 걸어왔을지 모른다.

오랜 관찰과 연구 끝에 우리는 우리가 살고 있는 이 생태계의 균형이 매우 쉽게 깨어질 수 있으며, 생태계를 구성하는 모든 존재는 서로 밀접하게 연관되어 있다는 사실을 알게 되었다. 에코스패즘의 발생 가능성을 줄이는 데 필요한 '새로운 경제학'은 이 같은 확고한 사실과 따로 떼어놓고 생각할 수 없다.

당장의 실업률을 낮추고 기업의 수익성을 높이겠다고 환경을 포기하는 식의 결정은 위기상황을 해결하기는커녕 더욱 악화시킬 뿐이다. 이는 현재를 위해 미래를 저당 잡히는 것이고, 자칫하면 미래의 파산으로 이어지게 된다.

지금 에너지자원 부족을 이유로 곳곳에서 원자력발전소를 짓고 있는데, 오히려 원자력발전소로 인해 다른 대체에너지원의 개발이 늦어질 수 있고, 만약 원자력발전소로 인해 재앙적인 사고가 발생한다면 경제적 안정은 앞으로 오랜 기간 동안 포기해야 할지도 모른다.

싼 가격 때문에 고유황 석탄의 사용량을 늘리고, 해양유전의 개발로 인해 야기되는 유막의 형성을 애써 무시하고, 헤어스프레이를 비롯한 여러 가지 분사식 화장품을 사용함으로써 지구 오존층에 구멍을 내는 일이 어떤 결과로 이어질지 생각해보라.

오늘날의 식품회사들은 더 많은 제품을 팔기 위해 가공식품에 각종 화학첨가제와 인공색소, 인공조미료를 넣고 있고, 정부에서도 그에 대해 별로 규제를 하지 않는다. 기업들이 더 많은 매출을 올리고 그로 인해 고용을 창출하는 것이 사람들의 건강과 안전을 지키는 것보다 더 중요하다고 생각하는지는 모르겠지만, 사회 전체적으로 봤을 때는 이것이 더 비생산적인 방식이다.

다가오는 새로운 경제위기에 대응함에 있어 우리가 고려해야 하는 것은 물리적인 생태계만이 아니다. '사회적인 생태계'도 고려해야 한다. 예를 들어 기업의 효율성을 극대화하기 위해 계속해서 직원들을 순환배치한다고 생각해보라.

기업의 입장에서는 당장 수익성이 높아질 수 있지만, 한 직원의 순환배치가 가족의 원거리 이사를 수반한다면 우선적으로 해당 가족의 스트레스를 유발할 것이다. 한꺼번에 많은 수의 직원들이 전근을 가는 경우에는 지역사회에 공동화현상이 발생할 수도 있다. 그리고 이로 인해 연쇄적으로 여러 가지 부작용이 발생할 것이다.

일부 과학자들의 경우 어떤 문제가 발생했을 때 해당 문제에 대한 해결책을 단기간에 찾아내려고 하는 과정에서 더 큰 문제를 유발하곤 하는데, 경제위기에 있어서도 마찬가지이다. 심각한 경제위기를 단기간에 완벽하게 해결할 수 있다는 생각은 상당히 위험하다.

정부, 자치단체, 기업, 조합 등에서 추진하는 그 어떤 경제 프로그램이라 하더라도 사전에 환경영향평가와 사회영향평가가 행해지지 않았다면 아무리 좋은 전망을 내놓고 있다 하더라도 그러한 전망을 전적으로 받아들일 수는 없는 일이다.

어떤 경제 프로그램이든 해당 경제 프로그램으로 인해 공기와 물과 다른 자연적 요소들에 발생하는 영향, 그리고 가족과 지역사회에 발생하는 영향 등이 함께 고려되어야 한다.

단기적인 경제적 이득을 위해 장기적인 사회적·생태적 손실을 감수해야 하는 경우도 있을 수 있다. 하지만 그런 경우라 하더라도 우리가 감수해야 할 사회적·생태적 손실이 무엇인지 사전에 알고 있어야 한다.

그전까지 우리는 우리의 경제시스템이 지구상의 다른 많은 시스템과 연관되어 있다는 사실을 인지하지 못한 채 오직 경제적 발전만을 추구해왔으나, 이제는 경제, 사회, 문화, 생태계 등 많은 것들이 서로 밀접하게 연관되어 있다는 사실을 깨달아야 한다. 이렇게 하지 못한다면 당장의 경제적 이득이 미래의 심각한 경제적 손실로 부메랑이 되어 돌아올 것이다.

에코스패즘을 유발하는 것은 경제적인 문제만이 아니기 때문에 오직 경제와 관련된 해법만으로 그에 대응한다면 상황을 더욱 악화시킬 뿐이다. 따라서 화폐공급, 임금, 물가, 국제수지의 균형 등의 경제적 요소 외에도 자원, 환경, 교육, 문화, 교통, 통신, 남녀평등 등의 다양한 요소들까지 함께 고려해 통합적인 해법을 마련하고 이를 추진해나가야 한다.

과거로 회귀한다면

내가 말하려는 두 가지 원칙 가운데 나머지 하나는 "흘러간 과거를 다시 복원하려 해서는 안 된다"는 것이다.

에코스패즘이라는 경제위기에 관한 내 생각이 어느 정도 옳다면,

그리고 현재의 경제위기가 산업사회에서 그 다음 단계의 발전된 사회로 나아가는 과도기에 발생한 필연적인 현상이라면, 지금의 경제위기에 대응하는 우리의 정책은 과거 산업사회의 질서와 방식을 다시 회복하는 데 초점을 맞추어서는 안 된다.

다시 사회의 모습을 예전과 똑같이 만들려는 시도는, 예컨대 직업을 예전과 같이 되돌려놓고, 도로에 더 많은 자동차를 올려놓고, 교외지역을 계속해서 개발하고, 사회의 표준화와 획일화를 추구하고, 전통적인 형태의 대가족제도를 지지하는 것 등은 시대의 흐름에 역행하는 것이다.

물론 앞으로도 우리는 직업을 필요로 하고, 교통시스템과 주택을 필요로 하고, 사회통합과 가족을 필요로 할 것이다. 그러나 그러한 것들은 더 이상 과거와 똑같은 직업, 과거와 똑같은 교통시스템, 과거와 똑같은 주택, 과거와 똑같은 사회정책, 과거와 똑같은 가족형태가 아닐 것이다.

앞으로 경제위기가 심화된다면 사람들은 너무나도 불안한 나머지 자꾸만 과거로 돌아가고자 하는 마음을 갖게 될 것이다.

프랑스의 경영자 단체인 고용주전국위원회(Patronat)에서는 국가 차원에서 경제성장률을 최대한 높여야 한다는 주장이 강력하게 제기되고 있다.

그들은 1960년대 일본의 경제성장률을 프랑스에서도 재현해야 한다고 말하고 있는데, 당장의 경제문제해결을 위해 과거의 성장 제일주의를 다시 추구한다면 지금 겪고 있는 문제들 역시 그대로 반복될 것이다.

1960년대 일본의 높은 경제성장률 그 이면에 있는 문제들을 직시할 필요가 있다. 일본은 그 어떤 나라보다도 더 심각한 문제들을 겪고 있는데, 그 원인의 상당부분은 지난 1960년대에 무분별하게 추진했던 성장제일주의에 기인한다.

프랑스의 고용주전국위원회 같은 단체들이 그와 같은 주장을 하고 있는 것은 생태계의 균형이 얼마나 쉽게 깨어질 수 있는지, 그리고 그전까지 선진국에 가려져 있던 개발도상국이 어느 정도로 발전했는지, 그동안 사회의 가치관이 얼마나 변했는지를 잘 모르기 때문이다. 그들은 여전히 예전과 같은 세상이 인간에게 가장 좋은 세상이라고 생각하고 있으며, 이러한 이유에서 '회귀파(Reversionist)'라고 불릴 만하다.

프랑스의 회귀파에게 있어 가장 좋았던 시기는 1967년일 것이다. 당시에는 드골 통치하에 정치적으로 전성기를 누리고 있었고, 학생들은 시위를 하지도 않았고, 유일한 고민거리는 어떻게 하면 첨단기술 분야에서 미국을 제칠 수 있을까 하는 것이었다.

그런가 하면 미국의 회귀파에게 있어 가장 좋았던 시기는 틀림없이 1960년이다. 그때는 미국 역사상 가장 젊은 대통령이 새로운 프론티어 정신에 대해 이야기하고 있었고, 대다수의 국민들이 경제적 풍요를 즐기고 있었다.

하지만 그와 같은 일은 오래가지 못했다. 가장 젊은 대통령은 암살당했고, 그 후로 미국 전역에서 시위와 폭동이 벌어졌고, 사회는 활력을 잃어갔다.

일본의 회귀파는 1970년을 가장 그리워할 것이다. 당시만 하더라도 세계적인 경제전문가들은 2000년이 되면 일본이 세계에서 가장 부유한 나라가 될 것이라는 전망을 내놓고 있었다.

모든 국가와 사회단체는 저마다 과거에 대한 환상을 가지고 있다. 어떤 생태학자들은 첨단기술이 없던 시대가 가장 좋았던 시대라고 생각할 것이고, 일반 사람들 중에는 지금이라도 당장 대부분의 첨단기술을 포기하고 다시 산업화시대 이전으로 돌아가야 한다고 생각하는 이들도 있을 것이다.

어떤 사람들에게는 1920년이나 1940년이 가장 좋았던 시기로 기억될 것이다. 그 당시에는 지금보다 훨씬 공기가 깨끗했고 길을 걷는 일이 지금보다 훨씬 더 안전했다.

과거로 회귀하고자 하는 행동이 종교적 금욕주의 형태로 나타나는 경우도 있다. 그들에게 물질적인 풍요와 안락함을 누리는 것은 그 자체로 타락을 의미한다.

지역 간의 이동도 없고, 환경오염도 거의 없고, 그저 소박하게 농사를 지으며 살던 과거의 생활이야말로 우리가 다시 추구해야 할 생활상이라고 주장하는 사람들도 있다.

지금까지의 낭비, 넘치는 풍요, 과도한 소비주의 같은 것들에 질려버린 사람들 가운데 많은 이들은 이제 검소한 생활이 더 품위 있는 생활이라는 생각을 가지게 되었다. 부유하게 살아왔던 사람들 사이에 국한된 분위기이기는 하지만 말이다.

첨단기술과 빠른 경제성장을 추구하는 사람도 그렇고, 첨단기술을 배척하고 낭만적이고 목가적인 삶을 추구하는 사람도 그렇고, 지금 많은 사람들이 과거에 대한 향수를 가지고 있다.

그러나 과거로 회귀한다고 해서 경제위기가 해결되는 것은 아니다. 하나의 커다란 위기는 그에 상응하는 커다란 기회를 수반하게 마련이며, 지금보다 더 발전된 사회로 나아가기 위해서는 오히려 그러한 기회를 이용할 수 있어야 한다.

변화를 위한 전략

TOFFLER
TOFFLER
TOFFLER

미래를 내다보는 능력이야말로 오직 우리 인간만이 지니고 있는 능력이고,
그러한 능력이 있기에 우리 인류가 지금까지 생존하고 발전해올 수 있었다.
그러한 능력이 없었다면 우리는 문화와 문명을 만들어내지 못했을 것이다.
미래를 내다보는 능력을 활용하는 것은 소수 엘리트에게만 주어지는 특권이 아니라
우리 모두에게 주어지는 권리이다.

우리는 앞으로 어디로 나아가야 하는 걸까? 어떤 선택을 하고 어떤 행동을 취해야 하는 걸까?

한 권의 책을 통해 한 사회가 추진할 수 있는 '변화전략'을 완벽하게 제안하는 것은 불가능한 일이다. 그러나 논의를 위한 화두를 제시하는 것은 얼마든지 가능한 일이며, 이 책의 마지막 장을 통해 내가 하고자 하는 것이 바로 이것이다.

내가 이번 장에서 제시하고자 하는 변화전략은 그 특성이 단기적인 것, 장기적인 것, 국내에서 의미를 갖는 것, 국제적으로 의미를 갖는 것 등 다양하다. 물론 여기에서 제시하는 전략이 그대로 실행전략이 되는 것은 아니지만 다가오는 위기에 대해 고민하고 구체적인 실행전략을 수립하는 토대가 되기에는 충분하다고 생각한다.

지금부터 소개하고자 하는 변화전략들이 완전히 새로운 것도 아니고 경제위기를 해결하는 만병통치약이 되는 것도 아니지만, 경제위기 상황에 대응하는 매우 효과적인 전략이 될 수 있다.

다음에 소개하는 전략들은 서로 어느 정도 연관되어 있으며, 그러한 전략들을 통해 새로운 미래로 나아가는 과정에서 겪게 되는 충격을 최소화할 수 있을 것이다.

경제주체의 통제력 찾기

첫 번째 변화전략 : 경제주체의 상실했던 통제력을 되찾아줌으로써 글로벌 경제의 안정을 회복한다.

민족국가(nation-state)는 초산업사회로 발전하는 과정에서 나타나는 기본적인 문제들을 더 이상 해결하지 못하고 있다. 경제학적인 관점에서 봤을 때 민족국가는 산업혁명의 산물이며, 지금까지는 그 탄생의 목적을 충실하게 이행해왔다. 그러나 선진국의 경우 민족국가는 사실상 용도 폐기된 상태이다. 개발도상국은 아직 그 상태에 이르지는 않았다.

민족국가가 당장 사라지지는 않겠지만, 그러한 체제는 계속해서 힘을 잃게 될 것이다. 이미 이와 같은 일은 현실로 나타나고 있다. 국경을 넘나들며 발생하는 경제위기를 다루는 데 있어 선진국의 정부와 정치지도자들은 그 한계를 드러내고 있다.

여러 경제주체들 가운데 오늘날의 글로벌 경제상황에서 절대적으로 중요한 경제주체가 있다면 그것은 다국적 기업이다. 유로달러가 제대로 된 국제통화로서 기능하기 위해서는 그것에 대한 통제역시 국제적으로 이루어져야 한다. 마찬가지로 여러 나라에 지점을 두고 영업하는 다국적 은행에 대해서도 그러한 은행들을 규제할 수 있는 국제적으로 통용되는 법규를 만들 필요가 있다.

그런데 이러한 유로달러와 다국적 은행 사이의 핵심적인 연결고리가 바로 다국적 기업이다. 만약 이 세상에 다국적 기업이 존재하지 않는다면 다국적 은행이 존재할 필요도 없고, 유로달러로 인한 문제도 없을 것이다.

글로벌 경제의 중심, 다국적 기업

글로벌 경제를 안정화시키려는 시도는 우선적으로 다국적 기업을 대상으로 진행되어야 한다. 사실 다국적 기업이 어떤 식으로 나아가느냐에 따라 전 세계 사람들의 생활수준은 크게 높아질 수도 있고 크게 낮아질 수도 있다. 다국적 기업이 더 좋은 제품을 더 싸게 공급한다면 사람들의 생활수준은 계속해서 높아지겠지만, 다국적 기업이 전 세계에 전체주의 질서를 정립하는 경우에는 사람들의 생활수준은 크게 낮아질 것이다.

일본에서 가장 큰 다국적 금융기관 가운데 한 곳의 최고 경영자와 도쿄에서 나누었던 대화가 생각난다. 그는 이렇게 말했다. "이 세상에 단 하나의 거대한 다국적 기업을 우리가 가지고 있다면 넘쳐나는 많은 문제들을 해결할 수 있을 것입니다."

다국적 기업은 죽어가는 산업주의의 산물일 뿐이고, 이제 곧 환경친화적인 중소기업의 시대가 도래할 것이라고 주장하는 사람들이 있다. 나는 이 같은 주장을 지나치게 낭만적인 이상론으로 치부하고 싶지는 않다. 하지만 환경친화적인 중소기업의 시대가 현실에서 실현된다 하더라도 그것은 먼 미래의 일이 될 것이고, 향후 5년에서 10년 동안 우리가 겪게 될 현실에서는 여전히 다국적 기업이 글로벌 경제의 중심에 있을 것이다. 다국적 기업에 대한 통제와 다국적 기업의 안정화가 중요한 것도 이 때문이다.

각국 정부는 민족국가체제를 좀 더 길게 유지해나가기 위해 경제위기 해결을 위한 새로운 국제기구를 만들려고 할 것이다. 각국의 권한과 통제력이 국제기구로 이양되는 상황에서 각국의 정치인들은 이러한 사실을 부인하겠지만, 새로운 경제에서 이는 어쩔 수 없는 일이 될 것이다.

다국적 기업 역시 자신들의 이익을 위해서라도 새로운 국제기구가 만들어지고, 그러한 국제기구가 자신들을 통제하는 편이 더 낫다고 생각할 것이다. 여느 기업과 마찬가지로 다국적 기업도 불확실성을 가장 싫어하기 때문에 그들은 글로벌 경제의 안정을 위한 국제기구의 창설을 적극적으로 지원할 것이다.

물론 세계 각국이 새로운 국제기구의 창설에 대해 원칙적으로 합의하더라도 향후 몇 년 동안은 그러한 국제기구의 본질이 무엇이냐, 그리고 국제기구가 공익에 더 주안점을 두어야 하느냐 사익에 더 주안점을 두어야 하느냐를 두고 치열한 논쟁이 이루어질 것이다.

경제 식민지화

거대 다국적 기업의 숫자와 규모가 늘어난다는 것은 어떤 면에서 민주주의(democracy)의 상실을 의미한다. 경제와 관련된 점점 더 많은 판단이 국가의 통제 밖에서 이루어지는 경우 민주주의에 대한 국가의 책임의식 또한 희박해지기 때문이다.

민주주의의 핵심적인 이념 가운데 하나는 국민들이 자신들의 경제생활에 대한 선택을 스스로 할 수 있다는 것인데, 이러한 이념이 더 이상 유효하지 않게 된 국가는 식민지라고 불러도 무방할 것이다.

이렇게 본다면 세계에서 가장 부유한 국가도 식민지 상태로 빠져들고 있다고 할 수 있다. 이는 중동의 석유부호들이 미국이나 유럽에서 대규모 부동산을 취득하고 있다거나, 이들이 각국 대기업의 주식을 대량으로 취득하고 있다는 지엽적인 상황을 지적하는 말이 아니다. 물론 전통적인 의미로만 본다면 이와 같은 상황에 대해서, 선진국이 중동의 식민지가 되어가고 있다는 표현을 사용하는 것도 가능하다. 하지만 오늘날 진행 중인 새로운 유형의 식민지화는 이와는 다른 차원의 것이다.

오늘날 진행 중인 식민지화에서는 한 나라의 경제가 다른 나라의 경제에 종속되는 것이 아니라 한 나라의 경제가 다국적 기업이나 다국적 경제체제, 다국적 경제네트워크에 종속되는 일이 일어나고 있으며, 각국 정부는 이와 같은 다국적 경제주체의 활동을 제대로 통제하기 어렵다.

가난한 나라와 부유한 나라를 가리지 않고 진행되고 있는 새로운 식민지화의 흐름은 즉시 중단되어야 하며, 이를 위해서는 다국적 경제주체에 대한 국제적인 통제가 필요하다.

다국적 기업에 대한 규제

이제는 한 국가의 경계 내에서, 혹은 작은 지방에서 주로 사업활동을 하는 기업도 자신들의 이익을 지키기 위해 각성해야 한다. 아무리 탄탄한 기반을 가지고 있는 기업이라 하더라도 다른 나라의 경제 등 외부에서 발생하는 문제들을 겪다 보면 존립 자체가 위협받기 쉽다.

각국의 기업 경영자들은 업종별 협회에도 가입하고, 소비자단체나 환경단체에도 가입하고, 다른 여러 민간단체에도 가입하여 한목소리로 다국적 기업에 대한 국제적인 규제책을 마련할 것을 주장할 필요가 있다. 이것이 스스로의 이익을 지키는 방법이다. 그리고 모두의 이익을 지키는 방법이기도 하다.

다국적 기업에 대한 규제는 환경보호, 최저 임금, 사업장 안전, 국제투자, 외환, 과세 등 여러 가지 방면에서 행해질 수 있을 것이다. 물론 이와 같은 시도에는 비용이 들지만 다국적 기업이 각국의 서로 다른 세금규정을 이용하여 납세액을 최소화하는 것을 감안할 때, 이들로부터 추가로 거둬들이는 세금을 재원으로 활용한다면 비용 문제는 해결되고도 남는다.

다국적 기업에 대한 공정한 세금 부과는 다른 기업들이 다국적 기업과 좀 더 공정한 토대에서 경쟁할 수 있다는 것을 의미한다. 글로벌 경제의 안정을 위한 기금을 마련하여 다국적 기업으로 하여금 이 기금에 출현하도록 하고, 해당 기금을 활용하여 개발도상국의 사회발전을 돕는 것도 생각해볼 수 있는 방법이다.

다국적 기업에 대한 규제, 그리고 다국적 기업의 기업활동을 지원하는 다국적 금융기관에 대한 규제는 그것이 어떤 형태로 이루어지든 어느 한 나라의 힘만으로는 불가능하다. 이를 위해서는 그야말로 전 세계가 하나로 힘을 모아야 한다.

글로벌 경제를 통제하기 위한 국제기구의 설립

세계 각국의 노동자, 소비자, 중소기업, 시장의 리더, 생태학자, 정치인 등의 개인 및 단체들이 나서서 글로벌 경제의 통제를 위한 국제기구의 설립을 지지해야 한다.

이에 대해서는 국제기구의 존재에 대해 회의를 가지고 있는 가난한 국가들도 지지를 보낼 것이다. 이들이야말로 다국적 기업의 활동을 규제해야 한다는 점을 절실하게 느끼고 있을 것이기 때문이다.

그렇다고 해서 다국적 기업의 경영자, 은행가, 자본가들이 근본적으로 사악하다는 말은 아니다. IT&T는 국민 다수의 지지를 받는 칠레혁명정부를 전복시킨 전례가 있기는 하지만, 이것이 그들의 일반적인 모습은 아니다. 그들은 단지 각국의 법규가 지니고 있는 허점을 최대한 활용할 뿐이다. 다만 그렇게 하는 과정에서 결과적으로 심각한 위기를 초래하고 있다는 점이 문제이다.

분명 다국적 기업은 수많은 사람들의 삶의 질을 높였고, 직원들의 근무환경을 초산업사회에 걸맞도록 개선하였으며, 비록 제한적이기는 하지만 직장 내의 민주화 수준을 높였다.

미래의 경제질서를 더욱 안정적으로 유지하고자 한다면, 그리고 통제받지 않는 소수의 경제주체에 의해 건전한 질서가 파괴되는 것을 예방하고자 한다면 경제주체에 대한 초국적인 규제책을 마련할 필요가 있다.

상대적으로 경제력이 약한 개발도상국은 이미 오래 전부터 이러한 사실을 인식하고 있다. 이제 선진국도 규제를 받지 않는 다국적 기업으로 인한 문제를 절감하고 있는 시점에서 그들에 대한 규제책을 적극적으로 마련할 때가 되었다는 생각이다.

새로운 경제안정장치의 마련

두 번째 변화전략 : 무용지물이 된 과거의 경제안정장치들을 보완하거나 대체할 수 있는 새로운 경제안정장치들을 만든다.

지금의 경제위기는 단순한 흐름상의 경기침체가 아니다. 이제 석유를 비롯한 천연자원을 저렴한 가격에 마음대로 쓸 수 있는 시대는 끝났다. 그전까지 천연자원은 가난한 나라에서 부유한 나라로 아무런 저항 없이 이전되어 왔으나, 천연자원을 보유한 나라들은 더 이상 그와 같은 상황을 방치하고 있지 않다. 석유의 경우 앞으로 계속해서 가격이 치솟을 것이다.

미국국립과학원에서 작성한 보고서에는 이런 내용이 들어 있다. "연쇄적으로 자원의 공급부족을 겪으면서 곳곳에서 극심한 충격을 받게 될 것이고, 이로 인해 앞으로 혹독한 시기를 보내게 될 것이다."

이제 우리는 석유 및 기타 천연자원과 관련된 기존의 거래조건들을 잊어야 한다.

또한 러시아, 중국, 인도, 그 외에 알려지지 않은 몇몇 국가들이 핵무장을 하면서 미국이나 서유럽 국가들이 몇 십 년 전에 그랬듯이 무력으로 자원보유국의 자원을 싸게 가져올 수도 없는 상황이다. 게다가 쿠바나 베트남의 사례에서 볼 수 있듯이 핵이 없는 소국도 미국이라는 세계 최강대국의 대규모 공격을 얼마든지 막아낼 수 있을 정도로 군사력이 성장해 있다.

이제 초산업화시대에서 성장을 지속하고자 하는 국가는 값싼 원료를 이용하는 방식의 산업구조로부터 탈피해야 한다. 저명한 건축가이자 미래학자인 버크민스터 풀러(Buckminster Fuller)가 지적했던 바와 같이 더 적은 양으로 더 많은 것을 만들어내야 하는 것이다.

앞으로 산업사회를 넘어 초산업사회로 발전하고자 하는 국가들은 첨단기술을 발전시킴과 동시에 환경과 자원을 보존하는 일에도 관심을 가져야 한다. 이는 높은 수준의 창의력과 상상력을 필요로 하는 일이며, 정부에서는 에너지와 자원을 절약하는 방법을 개발해내는 기업에 대해 높은 수준의 인센티브를 제공해야 한다. 효과도 별로 없는 자본투자에 대한 감세혜택을 제공하지 말고 환경친화적 기술이나 에너지 절약형 기술 또는 사회적으로 가치 있는 기술을 개발하는 기업에 대해 감세혜택을 주는 방법은 어떨까?

경제위기 시나리오가 현실이 되어가고 있는 상황에서 세계는 지금 새로운 종류의 경제안정장치들을 절박하게 필요로 하고 있다.

예를 들면 가까운 미래에 식량공급과 자원공급이 불안정해질 가능성이 높기 때문에 국제적인 차원에서, 그리고 각국 중앙정부와 지방정부의 차원에서 식량과 자원 비축량을 늘리는 식으로 대응할 필요가 있다.

식량과 자원 비축량을 늘리면 공급과 가격을 동시에 안정시킬 수 있다. 그런데 가격을 안정시킨다는 것이 언제나 가격을 낮춘다는 것을 의미하지는 않는다.

식량이나 자원의 공급이 너무 많아져 가격이 지나치게 낮아졌을 때에는 비축을 담당하는 국제기구나 정부기관, 공기업에서 비축량을 평소보다 늘림으로써 가격을 평년 수준으로 맞출 수 있다. 그리고 공급이 너무 줄어들어 가격이 폭등하는 경우에는 비축분을 방출함으로써 가격을 낮출 수 있다. 이와 같은 장치는 공급자와 소비자 모두를 보호하는 효과가 있다. 공급자의 과도한 이익이나 손실을 막고, 소비자의 생활을 안정적으로 만들어주는 것이다.

식량비축시스템

이미 1974년에 이탈리아 로마에서 열렸던 세계식량회의(WFC)에서는 여러 국가들이 공조하여 식량비축시스템을 만들고, 이를 운용한다는 선언이 이루어지기도 했다. 당시 회의에서는 쌀, 밀, 옥수수, 수수, 기장 등의 곡물 6,000만 톤을 비축한다는 데 합의가 이루어졌는데, 이를 통해 식량의 공급량과 가격을 안정적으로 유지하는 일이 가능해지고, 이는 결국 글로벌 경제의 안정으로 이어질 것이다.

경제안정을 바라는 산업국가에서는 이와 같은 국제적인 시스템과 개별 국가 차원의 비축시스템 창설에 적극적으로 참여해야 한다. 인플레이션을 유발하지 않고 이와 같은 비축시스템을 운용하기 위해서는 개발도상국의 식량생산량을 늘리려는 노력도 함께 추진되어야 한다.

선진국은 자신들이 보유하고 있는 농업 신기술을 가난한 나라로 전파해야 하고, 비료에 대한 수출제한정책도 완화해야 한다. 미국을 비롯한 몇몇 선진국은 자국 내의 농업 생산량을 일정 수준 이상으로 유지하겠다는 목적에서 비료의 해외수출을 엄격하게 제한하고 있는데, 이는 별 효과도 없는 근시안적인 정책이자 매우 이기적인 정책이다.

지금 미국은 너무나도 많은 합성비료를 사용하고 있어서 비료 사용량 대비 농업 생산량이 상당히 낮은 수준에 있다. 미국에서 사용되고 있는 비료의 일부분만이라도 다른 가난한 나라에서 사용될 수 있다면 전 세계적인 식량생산량은 크게 증가할 것이다.

게다가 지금 선진국에서 사용되고 있는 비료의 상당량은 식량재배가 아닌 원예재배에 사용되고 있다. 굶어 죽어가고 있는 수백만 명의 사람들을 살릴 수 있는 비료가 묘지를 꾸미고, 골프코스를 만들고, 앞마당을 가꾸는 데 사용되고 있는 것이다.

자원비축시스템

이제 식량만이 아니라 다른 천연자원으로 비축 대상을 확대할 필요가 있다. 지난 1950년대에 미국은 텅스텐, 보크사이트, 천연고무,

주석, 크롬 원석, 망간철 같은 자원을 전략자원으로 분류하여 국가 차원에서 비축시스템을 운용했다.

당시에는 경제적인 이유가 아니라 군사적인 이유로 전략자원에 대한 비축시스템을 운용했는데, 이는 1950년대 초 한국전쟁 이후 5년 정도의 장기전을 수행하는 데 필요한 전략자원을 비축해둘 필요가 있다는 판단에서 추진된 계획이었다.

그러다 1950년대 말이 되면서 미국은 전략자원의 비축량을 기존 5년분에서 3년분으로 줄였다. 미 군사당국에서 앞으로의 대규모 전쟁은 핵전쟁이 될 것이고, 그렇다면 전쟁의 기간도 길어지지 않을 것이라는 판단을 내렸기 때문이다.

1970년대 초 닉슨 행정부는 전략자원의 비축량을 1년분으로 줄이는 조치를 단행했다. 이는 미국의 국제수지 악화로 인해 내려진 조치로, 전략자원의 구매량을 줄이면 해외로 유출되는 달러의 규모를 줄일 수 있다는 판단에서였다. 게다가 경제악화로 인해 금리가 오르면서 전략자원을 유지하는 데 소요되는 비용이 크게 높아진 점도 비축량을 줄이는 주된 이유였다.

그러다 1973년에 이르러 전 세계적인 천연자원의 공급부족사태가 벌어지자 미국 정부와 의회에서는 자원비축이라는 문제를 군사적인 관점이 아닌 경제적인 관점에서 바라보게 되었다.

특히 1973년 4차 중동전(욤키프르전쟁) 이후 아랍 국가들이 석유수출을 중단하면서 세계 여러 나라들이 자원비축의 중요성에 대해 절감하게 되었다.

자원비축시스템이라는 것은 꽤나 복잡한 이데올로기 문제와 더

불어 실무적인 문제를 수반하지만, 어떤 문제든 해결책은 있게 마련이다. 예를 들면 민간기업에 적용되는 회계시스템에서 원료와 관련된 비용처리를 원료사용시점이 아니라 원료구매시점에 하도록 허용한다면 민간기업은 세금혜택을 위해 원료재고 수준을 크게 높일 것이고, 이는 그대로 한 나라의 자원비축량 증가로 이어진다.

실제로 스웨덴은 이와 같은 회계시스템을 허용하고 있는데, 이 회계시스템 하에서는 민간기업이 자원가격의 급격한 변동을 막는 완충 역할을 하게 된다.

여기에 중앙정부도 별도의 자원비축시스템을 운용한다면 민간기업으로 인해 발생하는 부작용을 최소화하면서 전체적인 시스템의 완성도를 더욱 높일 수 있다.

또한 핵심적인 자원의 경우는 해당 자원의 개발이나 생산을 전문적으로 맡아서 수행하는 공기업을 설립하는 식으로 자원의 안정적인 공급을 도모할 수 있다. 여러 국가의 정부들이 공동으로 출자하여 이와 같은 공기업을 설립하고 세계적인 자원위기에 공동으로 대처하는 방법도 고려해볼 수 있는 아이디어이다.

자원비축시스템을 통해 우리가 기대하는 효과를 만들어낼 수 있으려면 출범시부터 부유한 나라만이 아닌 가난한 나라도 함께 참여하고, 또한 생산자만이 아니라 소비자도 참여해야 한다.

이 시스템이 제대로 기능한다면 자원공급부족으로 더욱 심각한 타격을 입게 될 가난한 나라의 경제가 더욱 안정적으로 가동될 것이고, 시스템에 속한 나라들은 자원카르텔에 대한 대항력을 갖출 수 있을 것이다.

여기에 더해 자원비축시스템은 예기치 못한 사고나 자연재해가 발생했을 때 대도시로의 안정적인 식량 및 자원공급처로서의 역할을 수행할 수도 있다.

생존을 위한 보호시스템

싱가폴의 어거스틴 탄(Augustine Tan)이라는 경제학자는 도시가 생존하는 데 필요한 최소한의 식량과 자원에 대해 연구한 바 있다. 실제로 거의 모든 식량과 자원을 외부에서 공급받아야 하는 싱가폴은 이 문제가 단순한 학문적 흥밋거리가 아니라 생존과 직결되는 일이다. 다른 대부분의 대도시도 정도의 차이만 있을 뿐 상황은 크게 다르지 않다.

대도시에서 생존하는 데 필요한 최소한의 식량과 자원이 어느 정도인지를 계산해낸다면 그 다음에는 자원비축시스템을 활용하여 도시를 더욱 안정적으로 만들 수 있을 것이다. 자연재해, 심각한 전염병, 대형 사고, 국가체제의 마비 같은 문제가 발생하여 도시로의 식량 및 자원공급이 중단되더라도 도시가 어느 정도의 자생력을 갖출 수 있도록 만드는 것이다.

저명한 경제학자 케네스 보울딩(Kenneth Boulding)은 고대의 대도시들은 외부로부터의 공급이 없더라도 몇 주는 생존할 수 있었다고 한다. 이런 면에서 본다면 오늘날의 대도시는 고대의 대도시보다 훨씬 더 위기상황에 취약하다고 할 수 있다.

오늘날의 대도시는 그야말로 거의 모든 것을 외부로부터 공급받고 있는 상황에서 식량, 전력, 연료, 교통, 의료, 식수, 전화, 우편 등의 식량이나 자원의 비축량이 절대적으로 부족하다. 어쩌면 대도시에 거주하고 있는 우리는 우리가 생각하는 것보다 훨씬 더 위태로운 상태에서 하루하루를 살아가고 있는지도 모른다.

얼마 전에는 이탈리아 나폴리에서 대규모로 콜레라가 발생했는데, 그 사건은 현대화된 대도시의 시스템이 얼마나 쉽게 무너질 수 있는지를 잘 보여주는 사례라 하겠다.

이제 금세 끝나지 않을 불안정한 시기에 들어가면서 우리는 도시의 생존에 무엇이 필요하고 그러한 것들이 얼마나 필요할지 철저히 따져봐야 한다. 그리고 도시의 생존을 담보할 수 있는 보호시스템을 준비해야 한다.

이미 경제위기에 놀란 수백만 가구의 중산층은 앞으로 닥칠지도 모를 재앙적인 위기상황에서 살아남기 위해 자신들의 돈을 지출해가며 준비하고 있다. 자동소총과 권총을 구입하고, 지하실에 저장식품을 비축해두고, 사람들이 살지 않는 오지에 토지를 매입해두고 있다.

이와 같은 반응이 합리적인 것인지에 대한 판단은 나중에 내려야 하겠지만, 어쨌든 수많은 사람들이 이와 같은 일을 실천에 옮기고 있다는 것은 정부에 대한 불신이 얼마나 큰지를 방증하는 셈이다.

각국 정부는 사람들이 집 지하실에 무기를 가져다놓고, 설탕과 통조림과 화장지를 사재기하는 이와 같은 상황을 방치해서는 안 된다. 정부를 신뢰하고 안심할 수 있도록 해야 한다. 그렇다고 해서 사재기를 하는 사람들에게 "그것은 애국적인 행동이 아닙니다"라고 말해봤자 소용없는 일이다. 재앙적인 위기가 닥치더라도 정부가 국민의 생존을 책임질 수 있다는 확신을 주어야 사람들이 사재기를 하고 피난처를 준비하는 일이 없어질 것이다.

자원비축시스템을 마련하고 여러 가지 상황을 가정한 비상대책을 마련해놓는 것이 필요하다.

새로운 고용정책의 수립

세 번째 변화전략 : 새로운 고용정책을 수립한다.

누구든지 직업을 갖기 원하는 사람에게는 직업이 주어져야 한다는 것, 이는 자본주의든 사회주의든 이념에 상관없이 모든 국가가 추구해야 하는 기본 원칙이다. 전 세계적으로 실업률이 치솟고 있는 상황에서 지금 각국 정부는 고용을 촉진하기 위해 엄청난 액수의 재정을 지출하고 있다.

그러나 다른 많은 대책과 마찬가지로 실업률을 낮추기 위한 대책역시 엉뚱한 방향으로 향해 있다. 적들이 오지도 않는 곳에 엄청난 규모로 지어진 마지노 요새와 같은 신세인 것이다.

모든 산업국가에서 너무나도 당연시하는 잘못된 가정이 하나 있다. 일이라는 것은 무언가 손에 잡히는 것을 만들어낼 때만이 의미가 있다는 가정 말이다. 그래서 사회지도자들은 수많은 실업자들을 위한 일자리를 생각할 때면 언제나 철강공장, 자동차공장, 광산, 섬

유공장 같은 곳만을 떠올린다. 하지만 제조업 분야에만 의미 있는 일자리가 있을 거라는 생각은 더 이상 유효하지 않다.

서비스 분야의 일자리 창출

산업국가에서 새로이 만들어지는 대다수의 일자리는 서비스 분야의 일자리이며, 우리가 중요하게 생각하는 의료, 교육, 복지 분야의 일자리만 하더라도 손에 잡히는 제품을 만들어내는 일자리는 분명 아니다.

공장자동화가 발전할수록 상대적으로 공장에서 일하는 사람 수는 줄어드는 대신에 화이트칼라와 서비스 분야에서 일하는 사람 수는 늘어나고 있다. 미국의 경우 화이트칼라와 서비스 분야에서 일하는 사람 수가 블루칼라 분야에서 일하는 사람 수보다 더 많아진 것이 벌써 이십 년 전의 일이다.

이와 같은 현상은 초산업사회로의 변화과정에서 나타나는 자연스러운 흐름이며, 정부의 실업률을 낮추려는 노력이 이러한 흐름에 역행해서는 안 된다. 실직자들을 그들이 예전에 하던 일로 억지로 다시 돌려보내려고 할 게 아니라 그들이 서비스 분야에서 새로운 직업을 구할 수 있도록 도와주는 데 정책의 초점을 맞추어야 하는 것이다.

이렇게 해야 하는 이유는 크게 두 가지이다. 첫째, 산업구조를 서비스산업 중심으로 교체함으로써 지난 20년 동안 공업 위주로 빠르게 성장해오면서 발생했던 여러 가지 집중화 현상, 사회갈등, 환경문제 등을 해결할 수 있다. 둘째, 서비스산업 중심의 사회는 에너지와 자원에 덜 의존하게 된다.

서비스산업 중심의 사회에 관한 최고의 책 가운데 하나인 《서비스사회와 선도하는 소비자 *The Service Society and the Consumer Vanguard*》를 보면 다음과 같은 내용이 나온다. "지속적인 공업발전이 결국은 실업자들을 양산했으며, 공업이 발전할수록 인력활용도는 낮아진다. 반면 서비스산업이 발전할수록 인력활용도는 높아진다. 생태학적으로 균형 잡힌 사회란 경제성장률이 낮은 사회를 의미하는 것이 아니라 오히려 의료나 교육 같은 휴먼 서비스산업을 발전시키는 것이다."

서비스 분야의 빠른 성장에도 불구하고 다양한 서비스를 적절한 가격에 받는 것은 여전히 요원한 일이다. 이는 미국만이 아니라 국민의 복지를 중시하는 다른 선진국에서도 마찬가지이다. 정신과 치료를 받거나 치매치료를 받는 것은 여전히 어렵고, 교육 분야에서는 아무런 혁신이 일어나고 있지 않으며, 수백만 명의 알코올중독자들이 방치되고 있고, 교도소에서 행해지는 불법에 대해서는 그 누구도 관심을 갖고 있지 않다.

정부에서 정책의 방향만 바꾸는 것으로 지역보건, 정신과 치료, 청소년 복지, 노인 복지, 교육 등의 분야에서 수백만 개의 일자리를 단기간 내에 만들어낼 수 있다. 그만큼 수요가 많기 때문이다.

복지나 교육 이외의 서비스 분야도 마찬가지이다. 우리가 필요로 하는 서비스는 계속해서 늘어가지만 그러한 서비스를 제공하는 사람들 수는 매우 적고, 이렇게 공급이 부족하다 보니 서비스 가격이 매우 높다. 난로를 수리하고 싶거나, 자동차를 고치고 싶거나, 물이 새는 배관을 교체하고자 하는 경우를 생각해보면 이러한 상황이 쉽게 이해될 것이다.

디트로이트의 자동차공장 같은 거대한 생산시설에서 세상의 모든 실업자를 위한 충분한 일자리가 창출될 수 있을 거라는 기대는 하지 않는 게 좋다. 이제 정부는 공공부문이든 민간부문이든 서비스 분야에서 새로운 일자리를 창출하는 데 정책의 초점을 맞추어야 하고, 이러한 노력에 인센티브를 제공해야 한다.

어떤 사람이 난로수리를 전문적으로 행하는 소규모 서비스회사를 설립하고자 한다면 정부기관에서 보증을 제공하여 그 사람이 창업자금을 대출받을 수 있도록 하고, 또 그 사람의 회사가 성공적으로 시장에 정착할 수 있도록 다양한 지원을 제공하는 식으로 정부에서 역할을 수행할 수 있을 것이다. 서비스산업은 기본적으로 노동집약산업이며, 그런 만큼 실업률을 낮추는 효과가 매우 크다.

서비스센터의 마련

서비스 분야의 직업훈련센터를 더 많이 만들어 사람들이 희망하는 분야의 직업훈련을 제공하는 것, 그리고 직업훈련생에게 교육비와 생활비를 빌려주고 나중에 취업한 후에 갚도록 하는 것, 왜 이러한 정책을 시행하지 않는가?

지금 엄청난 수의 사람들이 직업을 잃은 상태에서 무엇을 해야할지 갈피를 잡지 못하고 있는데, 교육훈련시스템을 통해 수백만 명의 사람들에게 괜찮은 일자리에 대한 방향을 제시해줄 수 있다.

당장 긴급하게 행해져야 하는 서비스 분야의 일을 찾아 해당 일을 담당하는 기업이나 단체를 설립하는 것도 좋은 방법이다. 민간기업, 공기업, 복합적인 성격의 단체 등 형태는 다양하게 나타날 수 있을 것이다.

중요한 것은 그러한 일을 민간부문에서 맡을 것이냐 공공부문에서 맡을 것이냐의 문제가 아니라, 수요가 있는 곳에 새로운 일자리를 만들고 효과적으로 수요를 충족시킬 수 있느냐이다.

한 대형 보험회사는 자신들의 생명보험상품에 배우자가 사망한 미망인을 위한 복지서비스를 특약으로 넣으면서 해당 서비스를 비영리단체와 연계하여 제공하고 있다. 이처럼 민간기업이 자신들이 제공해야 할 서비스 가운데 일부를 비영리단체나 공공기관에 의뢰할 수도 있고, 반대로 비영리단체나 공공기관이 공익목적의 서비스를 민간기업에 의뢰할 수도 있다.

찾아보면 환경분야에서도 많은 서비스 수요가 있다. 산림 재조림 (이미 지난 대공황 당시 '시민환경보존단'이라는 단체가 설립되어 이와 관련된 활동을 행한 바 있다.), 토양복구, 폐광촌 재개발, 하천청소, 소음방지, 자원재활용 등의 사업을 생각해보라. 이 밖에도 사람들이 필요로 하고 사회발전을 위해서도 필요한 많은 사업이 있다.

과거와 같이 공업에서의 일자리만 생각해서는 실업률을 낮출 수 없다. 지금 높은 실업률로 인해 야기되는 여러 가지 심각한 문제들, 그러니까 실업수당의 고갈, 연기금 규모의 감소, 사람들의 정신적 공황 같은 문제들을 고려했을 때 정부의 재원을 투입해서라도 공공부문의 서비스 일자리를 늘릴 필요가 있다.

물론 새로이 만들어지는 공공부문의 일자리는 대공황 당시에 만들어진 공공부문의 일자리와 같이 단기적이고, 천편일률적이고, 경제적으로 무의미한 것이어서는 안 된다.

대공황 당시에는 그와 같은 방식이 효과를 발휘했으나 이제는 더 이상 유효하지 않은 방식이다. 산업화시대의 사고방식이 유효하던 때에는 집단적으로 많은 사람들을 동원하는 방식의 공공부문 일자리 창출이 효과적이었는지는 모르겠으나, 이제 그와 같은 시도는 사람들의 반발만 유발할 것이다. 공공부문 정책은 사람들을 집단적으로 동원할 뿐 개인의 존엄과 선택을 보장하지 못하며 그들의 열정과 창의력, 도전정신을 이끌어내지 못한다.

사회, 문화, 환경 등의 분야에서 꼭 필요한 서비스를 찾아 그것을 공공부문의 일자리 창출과 연계해야 한다. 결손가정이나 장애인가구에서 필요로 하는 집안일을 도와주는 것도 좋은 방법이다. 불필요한 대규모 사업을 벌여 한꺼번에 수천 명의 실업자들을 동원하고, 정부기관의 취업자 수를 대규모로 늘려 일하지도 않는 사람들에게 임금을 지급하는 과거 대공황 당시의 실업자 구제책은 여러 가지 부작용을 내포하고 있다. 이제는 중앙정부에서 동원하는 집중화된 방식이 아닌 소규모 '서비스센터'의 네트워크를 활용하는 분권화된 방식을 활용할 때이다.

이 서비스센터들은 처음에는 최소한의 인력만을 채용하여 어떻게 하면 사회가 필요로 하는 서비스 수요를 최소한의 비용으로 최대한 충족시켜줄 수 있을지를 기획하는 것으로 자신들의 사업을 출범할 수 있을 것이다.

그런 다음 해당 기획안을 기반으로 자금을 구하고 사업을 진행하는 식으로 전체적인 사업 규모를 늘려나갈 수 있고, 그럼 서비스센터에서 고용하는 직원 수도 계속해서 늘어나게 될 것이다. 실업률도 낮추고, 사회가 필요로 하는 서비스도 공급하고, 경제적으로 이득을 취할 수 있는 것이다.

실직자나 미취업자들은 결손가정이나 장애인가구를 위해 자녀를 돌봐주는 일, 장애인이나 고령자의 외출을 도와주는 일, 기초생활보호대상자의 집을 수리해주는 일을 할 수 있을 것이다.

실직한 엔지니어나 과학자, 기술자는 작은 연구소를 설립하여 오염방지기술이나 태양에너지를 이용한 기술을 개발할 수 있을 것이고, 실직한 교사는 대안학교를 설립하여 주류 학생들과 어울리지 못하는 소수 학생들, 예컨대 천재, 지진아, 장애아 등을 가르칠 수 있을 것이다. 의료 분야에서 경력을 가지고 있는 사람은 준의료 서비스기관을 설립하여 간병이나 조산 같은 일을 맡아서 할 수 있을 것이다.

정부에서 약간의 보조금을 지급한다면 이와 같은 사람들이 설립하는 법인은 활동을 안정적으로 영위할 수 있고, 또 어떤 법인의 경우는 아무런 보조금 없이도 충분한 수준의 수익을 창출할 수 있을 것이다.

이러한 서비스센터의 효과는 여러 가지로 나타날 수 있다. 우선 실직이나 미취업 상태에 있어 아무런 일도 하지 못하는 사람들의 능력을 사회가 필요로 하는 서비스 분야의 일로 돌릴 수 있고, 당장 실업률을 크게 낮출 수 있으며, 국가 주도로 행하는 대규모 실업구제책에 비해 예산이 훨씬 더 적게 들고, 일방적이고 권위적인 대규모 동원사업에 비해 사람들의 반발도 더 적다.

지역 제안 프로그램

이와 관련된 성공적 사례가 이미 존재한다. 캐나다의 LIP(Local Initiatives Program, 지역 제안 프로그램)가 그것인데, 사실 LIP는 서비스 분야에 국한된 사업은 아니지만 프로그램 추진방식은 다른 나라 정부에서 참고할 만하다.

우선 실직이나 미취업 상태에 있는 사람들은 LIP 지역본부에 자신이 생각하는 사업성 있는 프로젝트의 제안서를 제출하고, LIP 지역본부에서는 해당 프로젝트의 사업성, 사회성 그리고 예상 고용 인원 등을 기반으로 제안서를 평가한 후, 채택된 제안서에는 일정 규모의 자금을 지원한다.

LIP에 의해 이런 식으로 시작된 프로젝트들은 캐나다의 각 지역사회가 필요로 하는 많은 사업을 수행했고, 실업률을 낮추는 데에 크게 일조했다. 중앙정부 주도로 행하는 대규모 동원사업이 아님에도 불구하고 커다란 효과를 발휘했던 것이다.

물론 LIP가 아무런 문제도 없는 완벽한 프로그램이라고 할 수는 없다. LIP에 의해 시작된 어떤 프로젝트가 실패하면 해당 프로젝트에 투입된 자금은 그대로 사라지고 해당 프로젝트에 참여한 사람들은 다시 실직 상태에 놓이게 된다. 그러나 그전까지 추진되었던 대규모 동원사업에 비하면 상당한 발전이며 산업사회 이후의 사회에 걸맞은 사업이다.

기본적인 운영방식은 LIP의 것을 기반으로 하되 서비스 분야의 일자리를 늘리는 사업에 특화된 방식으로 전체적인 프로그램을 운용해나간다면 상당한 성과를 이끌어낼 수 있을 것이다. 적어도 지금 미국 정부에서 실업자 구제책으로 검토 중인 대규모 동원사업에 비하면 여러 가지 면에서 훨씬 더 나은 방식이다.

앞으로는 공공서비스 분야에서 일자리를 늘려야 하고, 또 그렇게 할 수밖에 없을 것이다. 이를 추진하고자 한다면 그와 같은 사업의 일부분만이라도 이미 구식이 되어버린 산업화시대의 기준으로 추진하는 게 아니라 앞으로 다가오는 초산업화시대의 기준으로 해야 한다. 그리고 그것은 중앙정부에서 추진하는 대규모 동원사업이 아니라 소규모 단체의 네트워크를 통해 추진되는 사업이어야 한다.

사회적 약자를 보호하는 고용 시스템

서비스 분야의 일자리를 늘리는 데 있어 고려해야 하는 중요한 사회적 요인으로 가족형태의 변화가 있다. 산업화시대의 전형적인 가족형태는 부모와 자녀로 구성된 핵가족이었다. 조부모, 삼촌, 고모, 이모들이 가족을 구성하는 경우는 극히 드물었다.

산업화시대의 가족에 있어 이혼은 매우 드문 경우였고, 다분히 가부장적이었으며, 일단 가족으로 구성되면 가족관계는 영속되는 경향을 보였다. 그리고 지금 우리가 활용하고 있고 우리에게 영향을 미치고 있는 경제정책 및 사회정책들이 거의 다 이와 같은 가족형태에 기반하고 있다.

그러나 지금은 전형적인 가족형태 또한 변하고 있다. 이와 같은 변화가 발생하는 이유는 사람들의 윤리의식이나 관용이 예전에 비해 낮아졌기 때문이 아니라, 기존의 가족형태가 더 이상 대다수 사람들의 필요를 충족시키지 못하는 상황에 이르렀기 때문이다.

핵가족형태가 사라지거나 사람들이 그러한 가족형태를 무가치하게 보는 일은 일어나지 않을 테지만, 어쨌든 앞으로의 가족형태는 지금과는 크게 달라질 것이고 정책결정권자들은 경제정책과 사회정책을 결정함에 있어 이러한 변화를 고려해야 한다.

젊은 부부들 사이에서는 자녀를 갖지 않으려는 현상이 두드러지게 나타나고 있고, 이혼과 재혼이 흔해지면서 서로 다른 아버지나 어머니를 두고 있는 자녀들이 하나의 가족을 구성하여 생활하는 경우도 그만큼 많아지고 있다. 또한 아직까지는 많은 수로 존재하는 것은 아니지만 여러 가지 유형의 동거인들이 하나의 가족처럼 생활하는 경우도 점차 늘고 있다.

기존 핵가족 내에서도 여성의 활동이나 위상에 커다란 변화가 진행되고 있는 중이다. 1960년대 중반에 출간된《여성성의 신비*The Feminine Mystique*》라는 한 권의 책 이후 본격적으로 시작된 미국의 여성운동은 여성들의 의식을 바꿔놓았고, 많은 여성들이 사회활동에 참여하면서 가정, 공장, 사무실, 일반사회 내에서 여성들의 역할이 달라지기 시작했다.

가족형태의 변화 그리고 고정되어 있던 남녀 성역할의 변화는, 노동운동과 노동조합의 결성으로 일반 노동자들이 자본가에 대해 대항력을 갖게 된 일에 비견할 수 있을 정도의 중대한 변화이며, 그런 만큼 시사하는 바도 크다.

이는 초산업혁명의 핵심적인 요소이고, 이와 관련된 변화는 많은 경제전문가와 정치인들이 생각하는 것보다 훨씬 더 빠른 속도로 진행되고 있다.

사람들의 일반적인 생각과는 달리 오늘날 많은 미국 사람들은 표준적인 것으로 여겨지는 핵가족의 구성원이 아니다. 게다가 도시의 경우는 전체 어린이들 가운데 25퍼센트의 어린이들이 편모나 편부 슬하에서 양육되고 있다.

이와 같은 새로운 경향은 사람들의 일상적인 생활은 물론이고 국가의 경제정책, 기업의 제품개발이나 마케팅, 주거, 교육 등에 상당한 영향을 미친다.

여러 가지 이유로 혼자서 자녀들을 양육하는 사람이 늘어나면서 이들은 이제 모임을 결성하여 정치적인 목소리까지 내고 있는데, 미국에는 대표적으로 혼자서 자녀들을 양육하는 여성들의 모임인 맘마(Momma)가 있다. 그런가 하면 영국에는 혼자서 자녀들을 양육하는 남성들의 모임인 진저브레드(Gingerbread)라는 단체도 있다.

이와 같은 사회 변화에도 불구하고 많은 고용주와 경제단체 임원들은 여성 근로자는 한 가정의 생계를 절박하게 책임지고 있는 사람들이 아니기 때문에 기업에 위기가 발생하면 남성 근로자를 보호하고 여성 근로자는 우선적으로 해고해야 한다는 낡은 사고방식을 가지고 있다. 이들만이 아니라 경제전문가라는 사람들도 여성 근로자를 잉여 노동력 정도로 인식하며 경제호황기에는 이들이 경제활동에 참여해도 되지만 경제불황기에는 남성 근로자에게 자리를 양보해주어야 한다는 말을 하고 있다.

제2차 세계대전 당시 미국의 젊은 남성들이 유럽과 태평양 전선으로 떠나면서 그들이 남긴 빈 일자리는 여성에게로 돌아갔었다. 당시 미국의 여성들은 기름때가 묻은 옷을 입고 공장에서 험한 일을 하는 것을 마다하지 않았다. 전쟁이 끝나고 남성들이 다시 미국으로 돌아오자 여성 근로자들은 조용히 일자리를 내어주고 가정으로 돌아갔다. 그로부터 수십 년이 지난 오늘날에도 많은 수의 경제 전문가들은 여성 근로자에게 그와 같은 행동을 기대하고 있는 것 같다.

지금은 그 당시와 상황이 크게 달라졌다. 오늘날 미국 내 수백만 명의 여성 근로자들은 남편이나 아버지가 없는 상태에서 전적으로 가족의 생계를 책임지고 있다. 이러한 현실 하에서 경제위기가 발생하면 여성 근로자들이 얌전히 일자리를 내놓아야 한다는 발상은 매우 위험하다.

많은 노동조합들이 회사 측에서 근로자를 해고할 때는 연공서열에 의해 가장 최근에 입사한 사람부터 해고해줄 것을 요구하고 있고, 또한 실제 회사 측과 그렇게 계약을 맺고 있는데, 이제는 이와 같은 방식에도 변화가 필요하다. 이 방식을 고수한다면 회사가 경영위기에 처했을 때 여성과 소수인종 근로자들이 가장 먼저 해고될 것이고, 이는 사회에서 가장 취약한 계층의 사람들이 가장 혹독한 환경으로 내몰리게 되는 것을 의미한다.

사실 연공서열에 의한 근로자 해고라는 규정은 선배 근로자들이 정말로 어렵게 쟁취한 직업의 안전장치이고, 그렇기 때문에 그 어떤 노동조합도 쉽게 이러한 규정을 포기하지는 못할 것이다. 노동조합에서 이러한 규정을 포기할 수 있으려면 그에 상응하는 대가가 주어져야 한다.

이는 결코 간단한 문제가 아니기 때문에 정부에서 나설 필요가 있다. 사회적 약자를 보호하기 위해 정부에서 인센티브를 제공함으로써 노동조합이 연공서열에 의한 근로자 해고라는 규정을 포기하도록 유도하는 것이다. 이때 제공될 수 있는 인센티브로는 연금지급시기의 단축, 무료 대학수강증, 세금 환급, 무료 교육프로그램 등을 고려해볼 수 있다.

오랜 기간 근로한 근로자들은 사회발전에 크게 기여한 셈이기 때문에 정부에서는 그에 상응하는 혜택을 제공할 필요가 있고, 또 이는 일터에서의 평등이라는 가치를 추구하는 한 가지 방편으로서의 의미도 있다. 가족형태가 변하고 그로 인해 근로자의 구성이 달라졌다면 고용제도도 그에 따라 달라져야 한다.

탄력근무제 방식의 도입

모든 근로자가 똑같은 시간에 출근하여 똑같은 시간 동안 일을 하다 퇴근하는 낡은 근무방식도 변해야 한다. 산업구조와 기업의 생산시스템이 고도화되면서 근로자의 근무시간을 탄력적으로 운용하는 일이 가능해졌는데, 아직은 탄력근무제를 전면적으로 시행하기에는 이를지 모르지만 제한적으로라도 시행할 만한 여건은 갖추어져 있다고 하겠다. 탄력근무제란 일정한 제한 하에 근로자 개인이 자신이 근무하는 시간대를 스스로 정하는 것을 의미한다.

초산업화시대로의 발전과정에서 이는 당위적으로 도입되어야하는 방식이며, 이러한 방식이 정착된다면 아버지와 어머니가 서로의 근무시간을 교차적으로 정함으로써 자녀를 안정적으로 양육하는 것이 가능해진다.

더 나아가 회사의 사업장 내에 보육시설을 설치함으로써 근로자가 자신의 자녀들을 데리고 출근할 수 있도록 하는 정책, 근로자의 여건에 맞추어 재택근무가 가능하도록 하는 정책 등도 정부에서 나서서 지원해야 한다.

과거 산업화시대에나 적절했던 낡은 고용정책으로 다가오는 경제위기를 맞으려 해서는 안 된다. 그전과는 다른 새로운 양상의 경제위기를 맞아 효과적으로 대응하기 위해서는 초산업화시대에 맞는 새로운 유형의 고용정책을 수립하고 정착시켜야 한다.

새로운 정책결정방식

네 번째 변화전략 : 새로운 정책결정방식을 정립한다.

최근 몇 년 사이 각국 정부는 글로벌 차원의 경제위기에 대한 대처능력이 떨어지는 한계를 드러내고 있으며, 이는 각국 국내의 경제위기에도 마찬가지이다.

중앙정부가 제 역량을 발휘하지 못하면서 세계 각국에서는 지역화의 흐름이 힘을 얻고 있으며, 중앙정부의 권한이 지방정부로 이양되어야 한다는 주장이 강력하게 제기되고 있다.

몇 년 전만 하더라도 영국 의회의원 가운데 스코틀랜드와 웨일즈에 자치권을 주어야 한다고 주장하는 의원이 있었다면 해당 의원은 언론의 놀림감이 되었을 것이다. 하지만 이제 분위기는 완전히 바뀌었다. 지금 영국에서는 웨일즈에 별도의 지방의회를 만드는 계획이 진행 중이고, 스코틀랜드 사람들은 북해에 있는 유전을 자신들이 직접 관리해야 한다고 주장한다.

뿐만 아니라 프랑스와 베네룩스 3국에서도 지방정부들이 자치권을 주장하고 있고, 캐나다와 호주 같은 곳에서는 분리론자들이 힘을 얻고 있다.

미국에서는 연안유전의 개발을 놓고, 찬성파인 남부 여러 주와 반대파인 북동부 여러 주들 사이에서 갈등이 심화되고 있다. 지난 겨울 유가가 크게 치솟자 미국 남부에서는 자동차에 다음과 같은 문구가 적혀 있는 스티커를 붙이고 다니는 사람들이 부쩍 늘어났다. "북부 양키놈들 다 얼어 죽어버려라!"

매우 복잡한 구조를 지니고 있는 초산업사회를 산업화시대의 방식으로 통제하려고 하면 결국에는 문제가 발생할 수밖에 없다. 초산업화시대는 다양성의 시대이고, 그러한 시대에는 국가의 정책도 다양성을 기반으로 결정되어야 한다. 경제문제도 예외는 아니어서 초산업화시대에 발생하는 발작적 경제위기에 효과적으로 대응하기 위해서는 다양하고 분권화된 접근법이 필요하다.

중앙정부 집중화의 한계

얼마 전 미국의 포드 대통령은 경제정책을 두고 갈팡질팡하는 모습을 보이면서 언론의 조롱감이 된 적이 있다. "내가 디플레이션 문제를 제쳐두고 인플레이션 문제에 매달릴 거라고 기대하는 사람들은 실망할 것"이라고 말한 지 한 달 만에 태도를 180도 바꾸어 인플레이션을 해결하는 것이야말로 가장 시급한 문제라고 말했던 것이다.

이렇게 갈팡질팡하는 모습을 보이는 것은 미국 정치지도자들만의 일이 아니다. 일본의 정치지도자들도 디플레이션과 인플레이션 사이에서 허둥거리는 모습을 보이고 있는데, 연간 인플레이션율이 25퍼센트가 넘어가고 있고 실업자 수가 100만 명이 넘어가는 상황에서 일본 정부는 문제해결의 방향성조차 잡고 있지 못한 상황이다.

파리, 런던 그리고 다른 모든 산업국가에서도 이와 같은 일이 벌어지고 있다. 영국 하원의 에드워드 쇼트(Edward Short) 의장은 "권한을 아래로 이양하는 작업에 속도를 내지 않는다면 영국은 10년 안에 붕괴될지도 모릅니다. … 지방정부로의 권한이양에 반대하는 사람은 스스로에게 물어보십시오. 언제까지 런던이 영국이라는 거대한 통을 내리누르고 있을 수 있는지 말입니다"라고 말했다.

국가 전체적으로 일제히 '인플레이션 억제정책'으로 쏠렸다가, 그 다음에 다시 일제히 '디플레이션 방지정책'으로 쏠리는 식으로는 아무런 문제도 해결되지 않는다. 경제는 더 이상 과거와 같은 식으로 움직이지 않기 때문이다.

앞으로의 경제위기는 에코스패즘과 같은 양상으로 나타날 것이며 이는 지방에 따라, 산업부문에 따라, 사회계층에 따라 서로 다른 유형의 문제들을 겪게 된다는 것을 의미한다.

과거 산업화시대에 발생하는 경제문제는 단순했기 때문에 중앙정부에서 정책을 결정하여 한 국가 내 모든 부분에 적용하는 방식이 효과적이었다. 하지만 지방과 산업부문, 사회계층에 따라 서로 다른 성격의 경제문제를 겪게 되는 오늘날에는 중앙정부에서 금리를 대폭 낮추거나 혹은 국가 전체적으로 감세를 하는 것과 같은 단편적이고 일방적인 정책만으로는 효과를 보기가 어렵다.

소비자의 지출을 늘리고 이를 통해 일자리를 늘리거나 안정시키겠다는 목표를 가지고 중앙정부에서 모든 납세자에게 세금의 일부를 환급해주는 정책을 시행했다고 생각해보라. 과연 이와 같은 방식이 얼마나 효과가 있을까?

이렇게 풀린 돈 가운데 어느 정도의 돈이 가장 어려움을 겪고 있는 산업부문으로 흘러들어갈까? 혹시 이와 같은 세금환급정책으로 인해 유가만 더 올라가지는 않을까? 아니면 디즈니월드 같은 리조트만 호황을 누리는 것은 아닐까?

이번에는 인플레이션을 억제하기 위해 중앙은행에서 기준금리를 인상하는 경우를 생각해보라. 한편에서는 인플레이션이 억제되는 효과가 있겠지만, 구조적으로 대출을 많이 활용해야 하는 산업에서는 심각한 침체가 발생할 것이다.

산업의 특성만이 아니다. 환경, 사회, 문화, 지역적 특성 등 많은 요소들이 중앙정부에서 일률적으로 시행하는 정책에 의해 영향을 받게 되는데, 이러한 차이를 무시하는 것은 병원에 입원한 모든 환자에게 똑같은 치료를 시행하는 것만큼이나 무분별한 일이다.

각국의 워싱턴, 파리, 도쿄, 런던 등의 수도에 위치한 중앙정부는 과거와 같이 중앙에서 주도하는 방식으로는 다가오는 경제위기를 해결하는 데 한계가 있다는 것을 인식해야 한다. 이제는 중앙정부의 정책을 한 국가 내 모든 부분에 적용하기보다는 각 지방정부로 권한을 이양하여 각각의 지방정부가 판단하는 가장 좋은 경제정책 및 사회정책을 개별적으로 추진하도록 하는 방식을 도입해야 한다.

특히 경제정책은 기업, 경제전문가, 소비자, 시민단체의 의견을 최대한 수용한 다음 산업분야별로 정책을 수립하여 추진해야 한다. 물론 이와 같은 방식이 가능해지려면 중앙정부에서 정책결정권한과 예산집행권한을 파격적으로 지방정부에 이양하는 일이 선행되어야 할 것이다.

그나마 미국은 다른 나라에 비해 권한의 중앙집중화 현상이 강하지 않으며, 그런 만큼 정책결정권한과 예산집행권한을 지방정부로 이양하는 과정이 상대적으로 용이할 것이라고 예상해볼 수 있다. 따라서 미국 정부로서는 너무 늦기 전에 이러한 이점을 최대한 활용할 필요가 있다.

획일적이던 산업화시대로부터 벗어나 다양성이 확대되는 초산업화시대로 나아가는 것은 거스를 수 없는 변화이며, 이와 같은 상황에서 중앙정부가 일률적으로 시행하는 정책의 효과는 한계를 가질 수밖에 없다.

서로 다른 개별 상황으로부터 지리적으로는 수백 킬로미터 떨어져 있고 '사회적 거리(social miles)'는 그보다 훨씬 더 떨어져 있는 중앙정부의 지도자와 전문가들로서는 개별 상황에 최적화된 정책을 이끌어내고 그를 시행하는 일이 거의 불가능하다.

이제는 정책을 결정하고 시행하는 권한을 지방정부와 개별 경제주체에게로 이양해야 할 때이고, 이것이 바로 민주주의이다. 그렇다고 해서 중앙정부의 역할이 완전히 없어지는 것은 아니다. 지방정부들 사이에 발생할 수 있는 갈등을 조정하고 국가 전체의 자원을 효과적으로 배분하는 핵심적인 역할은 여전히 중앙정부에 남아 있다.

선제적인 정책결정

다섯 번째 변화전략 : 선제적으로 정책을 결정하고 대응한다.

경제위기에 효과적으로 대응하기 위해서는 다양해진 사회적 · 경제적 요소에 특화된 정책을 수립하는 것도 중요하지만, 장기적인 관점으로 위기에 선제적으로 대응하는 것도 중요하다. 변화의 속도가 빨라진 오늘날의 상황에서 발생한 문제에 대응한다는 것은 이미 너무 늦었다는 것을 의미한다. 위기로 인한 문제발생을 최소화하고 새로운 기회를 최대한으로 활용하기 위해서는 상황을 예측하여 선제적으로 대응할 필요가 있다.

장기적인 계획수립과 선제적 대응

에코스패즘의 발생으로 인해 혼란을 겪고 있는 각국 정부는 정책

수립과정을 개선하기 위해 많은 노력을 기울이고 있는 중이다. 정책을 수립하는 것 자체가 중요한 게 아니라 문제가 눈덩이처럼 확대되기 전에 정책을 수립해야 한다는 것을 분명히 인식하고 있기 때문이다.

프랑스에서는 조만간 '중앙기획위원회'라는 조직이 설립되어 활동을 개시할 듯하다. 대통령 직속의 중앙기획위원회는 국가적으로 시급한 문제에 대해 다른 정부조직을 거치지 않고 즉각적으로 정책을 입안하여 추진하는 기능을 담당하게 될 것이다.

또한 프랑스 내 21개의 지방정부 및 지방정부 연합체에도 각각 별도의 기획위원회를 두어 중앙기획위원회와 유사한 기능을 수행하도록 할 것이다. 이는 1975년부터 1980년까지 추진될 '프랑스 제7차 국가계획'에 포함되어 있는 내용이며, 중앙기획위원회와 지방기획위원회는 서로의 활동을 연계할 계획도 가지고 있다. 그리고 프랑스에서는 모든 정부부처를 아우르는 별도의 조직을 만들어 자국의 산업구조개편을 추진할 예정이다.

영국에서 추진하고 있는 변화는 더욱 파격적이다. 지금 영국의회는 산업개혁법안을 상정해두고 있는데, 이 법안이 의회를 통과한다면 영국에서는 제2차 세계대전 이후 최대 규모의 산업개혁이 추진될 것이다. 영국의 산업부장관 앤서니 웨지우드 벤(Anthony Wedgwood Benn)이 주도하여 발의한 이 법안에 의하면 영국의 산업개혁은 새로이 만들어질 국가기획위원회라는 조직에서 주도하게 되며, 개혁법안에 의해 영국에서 가장 규모가 큰 100~150개의 기업들은 정부 및 노동계와 합의하에 경제위기를 극복하기 위한 대규모 투자를 시행하게 된다.

지금 영국의 기업투자율은 미국이나 프랑스, 일본의 그것에 비해 반 정도에 불과할 정도로 낮은데, 영국 정부에서는 기업을 지원함으로써 기업투자율을 끌어올리고 기업은 노동계와의 합의하에 사회적으로 가장 긴급한 부분에 우선적으로 투자를 집행할 것이다. 또한 개혁법안은 노동조합의 회사경영참여를 인정하는 내용도 담고 있다.

미국에서도 여러 가지로 변화가 진행되고 있다. 전통적으로 미국의 기업들은 경제문제에 관한 정부의 개입에 대해 반대입장을 견지해왔고, 정부 주도로 뭔가를 하려고 하면 그러한 시도에 대해 '사회주의'라는 딱지를 붙여 거부해왔다. 사실 세계적인 대기업은 어느 정도 시장을 통제할 수 있는 능력을 지니고 있고, 이번 경제위기에서도 세계시장에서의 공급량과 판매량을 자체적으로 조절하려고 했었다.

세계적인 석학 존 케네스 갤브레이스는 기업을 '계획체계'와 '시장체계'의 두 부분으로 분류한 바 있다. 그에 의하면 계획체계에 속해 있는 기업은 일반적으로 세계적인 규모의 다국적 기업으로 이들은 시장에서의 공급량과 가격을 결정할 수 있는 힘을 지니고 있고, 시장체계에 속해 있는 기업은 일반적으로 중소규모의 기업으로 우리가 알고 있는 시장경쟁이란 대부분 이들 기업에 의해 이루어지는 것이라고 한다.

그런데 계획체계에 속해 있는 기업들 사이에서 변화가 감지되고 있다. 정부 주도로 추진하는 경제정책에 대한 거부감이 눈에 띄게 사라지고 있는 것이다. 이들 기업의 경영자들은 일본, 프랑스, 스웨덴 같은 나라들이 정부 주도로 경제정책을 추진하면서도 공산주의로 빠져들지 않은 사실을 지켜보며 안도했을 것이다. 이제 이들의 관심사는 어떻게 하면 정부 정책을 민간부문의 계획과 조화롭게 연계시키느냐 하는 쪽으로 옮겨지고 있다.

　장기적인 관점에서 계획을 수립하고 선제적으로 대응해야 한다는 의식은 사회 전반으로 확산되고 있는 것 같다. 신문, 잡지, 텔레비전 토크쇼, 일반 시민들의 목소리 등 어디를 보더라도 에코스패즘의 발생을 예상하지 못했던 정부의 근시안적인 시각을 비판하고 있고, 발생 가능한 미래의 일을 전망하는 보고서와 논문들이 사람들의 큰 관심을 끌고 있다.

　이와 같은 변화는 미국 정부에서도 감지되고 있다. 얼마 전 미국의 넬슨 록펠러(Nelson Rockefeller) 부통령은 당면 현안만을 처리하던 백악관 국내정책위원회의 기능을 국가의 장기적인 정책에 대한 분석을 포함하는 것으로 강화하겠다고 발표했다. 또한 그는 자신이 부통령이 되기 전에 사재를 털어 설립한 '미국인을 위한 위대한 선택 위원회(Commission on Critical Choices for Americans)'라는 이름의 싱크탱크그룹에 저명한 학자와 전문가들을 추가로 영입하여 그들로 하여금 미래의 미국이 겪을 수 있는 여러 가지 문제에 대해 연구하고 논문을 작성하도록 하였다.

　어떤 사람들은 이 단체가 넬슨 록펠러를 대통령으로 만들기 위한 사조직에 불과하다는 평을 내리기도 하는데, 만약 그렇다면 이 위원회 사람들이 생각하는 미국인을 위한 가장 위대한 선택은 다음번이나 그 다음번 대통령 선거에서 넬슨 록펠러에게 투표하는 것인지도 모르겠다. 어쨌든 이 위원회의 활동을 봤을 때 록펠러는 미국 국민들로부터 통찰력 있고 미래지향적인 정치인이라는 평가를 받고 싶어했음이 분명하다.

사람들 사이에 형성된 새로운 분위기를 파악하고 그에 맞는 새로운 행동을 취하고 있는 것은 록펠러만이 아니다. 록펠러 이전에 미국 부통령을 지내고 지금은 다시 상원의원으로 활동하고 있는 휴버트 험프리(Hubert Humphrey) 의원은 가칭 '국가 성장 및 발전 위원회'를 백악관 내에 두고 재정, 경제, 예산, 환경 등의 분야를 담당하는 정부조직의 기능을 통합 조정하도록 하자는 내용의 법안을 발의하고 의회에 상정하였다.

험프리 의원의 법안을 보면 일과 삶의 질, 그리고 정치참여의 본질 같은 기본적인 사항이 빠져 있어서 다소 허점이 있어 보이지만, 그래도 중앙정부와 지방정부 그리고 각 경제주체 간의 합의를 기반으로 정책을 결정하고, 이를 추진하자는 것을 골자로 한다는 점에서 상당히 의미 있는 시도라고 하겠다.

그는 자신이 발의한 법안의 의미에 대해 "그 법안의 목적은 국가가 직면해 있는 가장 시급한 문제가 무엇인지를 지속적으로 정밀하게 분석하고 국가의 발전에 필요한 정책을 결정할 수 있는 조정 시스템을 만들어내는 것입니다"라고 말한다.

법안의 발의와 관련하여 험프리는 이런 말을 한 적이 있다. "그전까지 우리 연방정부의 위기관리시스템은 미래를 예측하는 데 실패를 거듭해왔습니다. … 앞으로는 멀리 내다보고 선제적으로 대책을 수립할 수 있어야 합니다. 문제를 완전히 회피하는 것은 불가능하겠지만, 그렇게 해야 문제를 최소화할 수 있습니다."

미국 의회 차원에서도 장기적인 관점에서의 미래분석 및 예측을 중요하게 받아들이기 시작했는데, 의회는 이를 통해 백악관과의 관계에 있어 자신들의 입지를 더욱 강화하는 부가적인 효과도 누리고 있다.

미국 하원에서는 의회 내에 설치된 모든 위원회는 앞으로 미래에 대한 분석 및 예측을 기본적인 위원회 활동으로 포함시킨다는 내용의 매우 의미심장한 결의안을 채택했다. 평소 미래예측의 중요성에 대해 강조해왔던 민주당의 존 컬버(John Culver) 의원이 주도한 이 결의안에 의하면, 앞으로 의회 내의 모든 위원회는 미래의 미국에서 발생할 수 있는 주된 문제들에 대해 '장기적인 관점에서 체계적이고 종합적인 검토'를 해야 한다는 것이었다.

실제로 결의안 통과 이후 하원 예산위원회에서는 향후 5년 동안 미국에서 발생할 수 있는 주요한 사건들을 상정하여 백악관에서 제출한 예산안을 검토했다. 불과 2~3년 전만 하더라도 누가 이와 같은 식으로 예산안을 검토해야 한다고 말했다면 농담 정도로 치부되었을 것이다.

정책을 결정함에 있어 장기적인 관점을 갖는 것은 환영할 만한 일이고, 더 일찍 이와 같은 분위기가 형성되었어야 한다는 생각이다. 어쨌든 문제가 발생하는 속도가 계속해서 빨라지고 있고, 정책이나 계획과 관련하여 더 먼 미래의 상황을 분석하고 예측해야 하기 때문에 우리로서는 판단을 내리기가 점점 더 어려워지고 있다.

게다가 앞으로 사회의 다양성이 증폭되고 있기 때문에 미래의 상황을 분석하고 예측하는 일은 전체 국가 수준과 더불어 개별 지역 수준에서도 행해져야 한다.

하나의 경제로 통합되는 세계

이것만이 아니다. 세계화의 추세 속에서 미래의 상황을 분석하고 예측하는 일의 범위는 각국의 국경을 넘어서고 있다. 이 책에서도 여러 번 강조했지만, 이제는 국내 변수만을 통제하는 식으로는 경제문제를 해결할 수 없다. 에너지 자원의 가격, 유로달러, 다국적 기업의 활동, 인플레이션, 이민 노동자, 환경오염 등의 변수들은 이미 한 국가의 통제범위를 벗어났다. 유고슬라비아에서 32퍼센트의 인플레이션이 발생한 원인 중 국내 원인은 일부에 불과하다. 대부분 외부 변수에 의한 것이었다.

환경오염도 마찬가지이다. 스위스의 한 화학회사가 불법적으로 방류한 오염물질이 라인강을 따라 독일과 네덜란드에까지 부정적인 영향을 끼칠 수 있다. 그런가 하면 미국에서 방영되는 텔레비전 프로그램이 캐나다에 문화적 갈등을 유발할 수도 있다.

세계 각국의 서로에 대한 영향력이 증대됨에 따라 정책을 수립하고 추진하는 사람들로서는 기본적으로 국경 바깥의 상황에 큰 관심을 가져야 한다. 프랑스의 중앙기획위원회는 독일에서 추진하는 정책을 고려하지 않고서는 제대로 그 기능을 수행하지 못할 것이고, 미국 정부는 일본 자동차회사와 전자회사들이 수립한 계획을 파악한 다음에야 국제수지를 안정화시킬 수 있는 대책을 마련할 수 있을 것이다.

그런데 이와 같은 변화의 흐름 속에는 심각한 위험이 도사리고 있다. 내 책《미래 쇼크》에서 나는 산업국가의 정책수립방식에 내재된 세 가지 위험을 경고한 바 있다. 그 세 가지 위험 가운데 하나는 경제문제에 대한 지나친 집착이고, 다른 하나는 5년이라는 기간을 '충분히 긴 기간'으로 인식하는 것이고, 나머지 하나는 정책수립 과정에 일반 시민들이 배제된 채 소위 전문가와 관료라는 사람들만 참여하는 엘리트 의식이다.

우리는 미래의 상황에 대한 대응력과 통제력을 더욱 높이려고 하지만, 그렇게 하기 위한 구체적인 시도는 산업화시대의 낡은 사고방식에 기반을 두고 있다. 그래서 미래사회를 그릴 때에는 첨단기술이 크게 발달해 있으면서 권한은 중앙집중적인 그런 사회를 그려볼 뿐이다.

소수의 전문가에 의해서 대부분의 정책이 결정되고, 개별 지방의 상황들은 무시되고, 일반 시민들이 정책결정에 참여할 수 있는 길이 막혀 있는 중앙집중적인 사회는 해당 사회가 지니고 있는 역량을 제대로 발휘하지 못한다는 점을 기억할 필요가 있다.

강력한 권한을 지닌 중앙기구가 모든 상황을 통제·관리하고, 사람들 사이의 정보공유를 제한하고, 일단 계획을 실행에 옮겼다면 그것이 잘된 것이든 잘못된 것이든 개의치 않고 무조건 밀고 나가는 것이 가장 효율적이라는 생각은 산업화시대에나 통하던 낡은 사고방식이다. 사회 구성원들이 더 많은 지식과 정보를 소유하게 되는 초산업화시대에는 대중의 지식과 정보를 활용하는 것이 더 좋은 방법이다.

미래를 창출해내는 역량을 높이고자 한다면 우리는 산업화시대의 낡은 정책수립방식으로부터 벗어나야 한다. 그런데 불행하게도 대부분의 정치인과 지도자들은 여전히 이 방식을 고수하고 있다. 이제는 산업화시대의 낡은 방식을 버리고 초산업화시대의 미래주의(futurism)로 나아가야 할 때이다.

미래주의의 정착

미래주의라는 것은 정책이나 계획을 수립할 때 오직 경제학적인 요소만을 고려하는 게 아니라 문화적인 요소까지 함께 고려하는 것이고, 교통의 효율성만을 고려하는 게 아니라 삶의 행복이나 성역할까지 함께 고려하는 것이고, 겉으로 보이는 환경만을 고려하는 게 아니라 사람들의 심리적 안정까지 함께 고려하는 것이다.

또한 미래주의에서는 계획을 수립할 때 기존 산업화시대의 한정된 시한을 넘어 10년, 20년, 30년 후의 상황까지 고려한다. 사실 장기계획이 없는 단기계획은 별 의미가 없다.

미래주의에서는 계획을 수립하는 방식이 다분히 민주적이다. 이렇게 하는 게 윤리적으로도 더 옳고 실질적으로도 더 나은 방식이기 때문이다. 뛰어난 소수의 사람들이 아무리 그럴듯한 계획을 수립했다 하더라도 다수의 일반인들이 참여하지 않는다면 계획은 실패로 끝날 뿐이다.

초산업화시대에 걸맞은 정책 및 계획수립방식을 통해 미래주의를 정착시키는 것은 결코 쉬운 일이 아니다. 단순히 미래주의의 원칙을 주장하는 것만으로는 누구도 그러한 원칙을 받아들이지 않을 것이다. 더욱이 아직 관념 자체가 분명하게 정립되어 있지 않아서 사람들에게 내세울 미래주의의 청사진 같은 것도 없기 때문에 어려움은 더하다.

그렇더라도 대중의 다양한 욕구와 의견을 최대한으로 수용하는 미래주의는 반드시 정착되어야 한다. 물론 지금도 '공청회'라는 형식으로 일반 대중의 의견을 청취하는 일이 행해지고 있고, '시민위원회'를 만들어 흑인, 여성, 노동자 같은 사회적 약자들을 위원으로 위촉하기도 하지만, 이와 같은 방식은 다분히 형식적일 뿐이다.

미래주의를 정착시키기 위해서는 노동조합, 여성단체, 이민족 단체, 환경단체 등 여러 유형의 사회단체를 정책 및 계획수립과정에 참여시키고 그들의 의견을 적극적으로 수용해야 한다. 이들 사회단체는 기본적으로 정부의 정책수립에 도움을 주고자 하거나 혹은 감시하고자 하는 목표를 가지고 있기 때문에 정치인들이 결단만 내린다면 이들을 정책 및 계획수립과정에 참여시키는 것 자체는 그리 어렵지 않을 것이다.

사람들의 직접 참여 외에도 전자투표, 국민투표, 텔레비전 토론, 설문조사, 정책 배심원제도 등의 수단을 이용해 일반 대중의 의견을 청취하는 것도 좋은 방법이다.

일반인의 정치 참여

아직까지 미래주의는 우리 모두에게 있어 생소한 영역이다. 하지만 변화는 곳곳에서 감지되고 있다. 1970년 8월 하와이에서는 하와이 주지사 주최로 '하와이2000'이라는 대규모 회의가 열렸다.

교사, 기업 경영자, 공무원, 트럭 운전사, 학생, 주부 등 그야말로 하와이에 거주하는 전 계층을 아우르는 수백 명의 사람들이 모였던 이 회의에서는 '21세기 하와이의 바람직한 모습'이라는 주제로 여러 가지 세부사항에 관한 토론이 진행되었다. 사람들은 도시와 농촌의 균형발전이라는 주제에 대해 고민했고, 관광산업과 농업과 공업 사이의 적절한 균형이라는 주제로 토론했으며, 하와이의 교육, 교통, 생태 등의 분야에 대해 의견을 나누었다.

회의에 참여한 사람들은 아무런 제약 없이 자신들의 주장을 표출했고 최대한의 상상력을 발휘하여 수십 년 후의 상황에 대해 의견을 주고받았다. 자신들이 살고 있는 지역의 발전방향에 대해 목소리를 내게 된 사람들 사이에서는 참여의식이 크게 높아졌고, 이는 유사한 회의들의 연쇄적인 개최로 이어졌다.

하와이 사람들은 카운티와 타운 단위로 회의를 열어 자신들의 발전방향에 대해 의견을 나누기 시작했으며, 스스로 소단위의 모임을 조직하여 하와이 경제의 미래, 새로운 법정배심원제도 등의 주제로 좀 더 구체적인 대안을 찾기 시작했다.

얼마 지나지 않아 이와 같은 움직임은 미국 전역으로 확대되기에 이르렀다. 미국 내 여러 주와 도시들에서 하와이2000과 유사한 회의가 열렸다. 시애틀에서는 공화당이 장악하고 있는 시의회와 민주당 소속의 시장이 공동으로 연속회의를 열어 시에서 추진해야 하는 장기발전정책에 대한 일반 시민들의 의견을 청취했는데, 전체 연속회의 출석률이 75퍼센트가 넘는 시민들에게는 최종 정책권고안에 대한 투표권도 부여되었다. 물론 최종 정책권고안이 그대로 시에서 추진하는 정책으로 되는 것은 아니지만, 이 자체로도 충분히 의미 있는 일이라 할 수 있다.

아이오와에서는 주지사의 주도하에 주 전역에서 1,500회에서 1,800회 가량의 회의가 열렸으며, 이들 회의에 참석하여 주에서 추진해야 하는 미래정책에 관해 의견을 낸 시민들의 수는 3만 5,000명에서 5만 명에 이른다.

아이오와 사람들은 회의의 횟수만큼이나 다양한 주제에 관해 의견을 교환했고, 그 중에서도 가장 큰 조명을 받았던 주제는 역시 향후 25년 동안 아이오와가 나아가야 할 방향에 관한 것이었다.

일반 시민들이 제안한 정책 중에는 실제 법안으로 만들어져 의회에 제출된 것도 있었다. 그런가 하면 어떤 주에서는 텔레비전을 통해 시민들에게 미래발전을 위한 정책을 소개한 다음 신문보급망을 이용해 시민들의 의견을 수렴하는 기발한 방식을 활용한 바도 있다.

미국 전역에서 각 주와 시별로 장기발전을 위한 위원회들이 만들어지고, 이 위원회들은 시민들의 정책제안을 기반으로 법안을 만들어 의회에 제출했다. 이제 다가오는 미래상에 대해 이야기하는 정치인들은 허황된 공상가가 아니라 비전을 지닌 정치지도자로 인식되기 시작했다.

민주적인 미래예측

무엇보다 의미 있는 변화는 일반 시민들의 인식변화이다. 평범한 시민들이 국가의 정책결정에 영향력을 행사할 수 있고, 여기서 더 나아가 국가의 중요한 정책을 직접 만들어낼 수 있다는 것을 알게 되었다. 그리고 빠른 경제성장을 최우선의 가치로 알고 권한의 중앙집중화가 사회를 위한 가장 좋은 방식이라고 생각하는 과거의 정치인들을 변화시킬 수 있다는 것도 경험하였다. 더 먼 미래를 내다보고 미래의 예측을 기반으로 정책을 결정하는 방식은 초산업화시대로의 발전을 위해 반드시 필요하다.

다가오는 변화로부터 등을 돌린다 해서 미래가 멈추어서는 것은 아니다. 그리고 미래를 내다보는 능력이야말로 오직 우리 인간만이 지니고 있는 능력이고, 그러한 능력이 있기에 우리 인류가 지금까지 생존하고 발전해올 수 있었다. 그러한 능력이 없었다면 우리는 문화와 문명을 만들어내지 못했을 것이다.

미래를 내다보는 능력을 활용하는 것은 소수 엘리트에게만 주어지는 특권이 아니라 우리 모두에게 주어지는 권리이다. 게다가 미래를 내다보는 일이 소수 엘리트에 의해서만 행해지고 그것이 대중의 통제를 받지 않는다면 우리 사회는 큰 파국을 맞게 될지도 모른다.

지금 우리 사회는 매우 빠른 속도로 변하고 있다. 이와 같은 상황에서 우리가 미래를 내다보지 못한다면 우리 사회는 금세 붕괴되고 말 것이다.

또한 일반 대중이 참여하지 않고 오직 정부에 의해서만 미래예측이 행해진다면 그 역시 아무런 미래예측이 없는 것만큼이나 위험하다. 미래는 대중에 의해 무시되어서도 안 되고 소수 엘리트가 독점해서도 안 된다. 모든 이가 참여하는 민주적인 미래예측, 이것이야말로 문제를 최소화하며 발전할 수 있는 방법이다.

새로운 문명의 탄생

당장 심각한 위기를 겪고 있는 상황에서 내가 지금까지 한 얘기가 이상주의자의 허황된 얘기 정도로 들릴지도 모르겠다.

지금 소개한 변화전략들은 분명 여러 가지 허점을 지니고 있다. 아직 이 전략들은 완전한 내용을 갖추고 있지 못하고, 우리가 예상하지 못한 새로운 상황이 전개되면서 변화전략 자체가 무의미해질 수도 있다.

하지만 분명한 것은 우리가 지금 겪고 있는 위기는 이상주의자에 의해 만들어진 것이 아니라는 점이다. 에코스패즘의 위기는 산업화시대의 현실주의자들 가운데 가장 완고한 소수의 사람들에 의해 대부분 정책이 결정되면서 발생한 위기이다. 그들이 판단하기에 가장 현실적인 정책은 지금과 같이 정신분열증에 빠져 있는 경제상황에서는 오히려 현실적이지 못한 정책이었고, 그들의 근시안적인 관점은 상황을 더욱 악화시켰을 뿐이다.

우리는 이제 관점을 달리할 필요가 있다. 지금의 상황은 과거의 것과 똑같은 경제위기의 재현이 아니며, 산업화시대의 연장선상에 있는 것도 아니다. 지금의 상황은 새로운 사회로의 변화 과정에서 나타나는 현상으로 이해해야 한다.

물론 이러한 변화는 우리에게 많은 고통을 안겨줄 것이다. 우리가 가지고 있는 거의 모든 것은 산업화시대의 산물이다. 직업, 자산, 권력, 자아관 등을 생각해보라. 산업화시대의 소멸에 따라 우리가 가지고 있는 많은 것들이 생존의 위협을 받을 것이다. 하지만 바

그녀의 오페라 〈신들의 황혼*Götterdämmerung*〉에서 연출되는 분위기 만큼이나 암울한 지금의 상황이 지나가면 새로운 시대의 여명이 밝아 올 것이다.

혹자는 지금의 위기야말로 해묵은 문제들이 겉으로 드러나면서 문제를 해결할 수 있는 좋은 기회라고 말한다. 비민주적인 정치시스템을 민주적으로 바꾸고, 첨단기술에 인간미를 부여하고, 정치와 사회의 우선순위를 재조정해야 한다.

지금까지의 경제발전과정에서 맹목적으로 가지고 있던 잘못된 사고방식에 대해 다시 생각해보고, 일반 시민들의 최소한의 삶의 질에 대해 이야기하는 것이 아니라 최대한의 행복에 대해 이야기하고, 발전의 원동력으로서 사람들의 상상력과 열정이 다시금 조명받아야 한다.

개인주의와 집단주의를 서로 상반되는 개념으로 인식하는 게 아니라 상호보완적인 것으로 인식해야 하고, 기업의 문화와 가족의 형태를 새롭게 이해하며, 일과 삶의 의미에 대해 다시 생각해봐야 한다.

지금 우리에게는 기나긴 인류 역사의 과정에서 단지 몇 세대에게만 주어졌던 엄청난 임무가 주어져 있다. 바로 새로운 문명의 설계라는 임무이다.

우리는 향후 몇 년 동안 의심의 여지없이 지독한 시련을 겪게 될 것이다. 하지만 무엇을 해보아도 퇴보하게 될 거라는 걱정은 아무것도 하지 않아도 발전하게 될 거라는 믿음만큼이나 어리석은 것이다. 우리 앞에 놓여 있는 세상은 단지 "새롭다"고 표현하는 것으로 충분한 세상이 아닐 것이다. 그것은 지금보다 더 살기 좋고 더 정의로운 세상이 될 것이다.

유럽평의회 부의장인 레이먼드 플레처의 말로 이 책을 마치려고한다. "지금 나타나고 있는 징후는 너무나도 충격적이어서 우리를두렵게 만들지만, 그것은 죽음의 징후가 아닐 것입니다. 그것은 아마도 탄생의 징후일 것입니다."

기억하고 싶은 토플러 어록
토플러 용어사전

TOFFLER

TOFFLER

TOFFLER

젊은이에게 보내는 꿈과 희망의 메시지

미래는 예측하는 것이 아니라 상상하는 것이다. 직업을 선택할 때 꼭 10년 뒤에도 유망할지를 생각해보라.

좀 특이하고 비상식적인 사람들을 친구로 사귀어라. 다양한 친구를 가져야 사고가 넓어진다.

나는 어려서부터 작가가 되고 싶었다. 그러나 그 꿈을 어떻게 성취해야 하는지에 대해서는 몰랐다. 청소년들에게 무엇이 되고 싶다면 그 열정만큼은 잊지 말라고 이야기해주고 싶다. 뻔한 이야기일지 모르지만 미래에 대한 준비에 앞서, 사람은 자신이 좋아하는 일을 해야 한다고 생각한다.

진짜 하고 싶은 것이 있으면 남들이 뭐라고 하든 해보라!

나는 독서기계다. 화장실에서도 독서를 한다. 미래를 상상하는 데는 독서만큼 유용한 방법이 없다. 그것은 저자가 오랜 세월을 바쳐 연구한 것을 짧은 시간에 자신의 것으로 만들 수 있는 효과적인 방법이기 때문이다.

나는 신문중독자라 할 정도로 신문을 열심히 그리고 꼼꼼히 본다. 매일 아침 신문을 보느라 손끝이 새까매질 정도다. 독서는 미래를 지배하는 힘과 커뮤니케이션하는 능력을 길러준다. 미래를 예견할 수 있도록 해준다. 어떤 직업을 선택하든 꾸준한 독서를 통해 지식 습득을 게을리 하지 마라.

대학 때 저널리즘 강의를 듣지 않았다고 신문사에서 받아주지 않았는데 만화라도 그리겠다고 해서 들어갈 수 있었고, 다음 학기에는 그 신문의 편집장이 됐다. 정말 하고 싶은 게 있다면 어떤 곳이든 길이 있게 마련이다.

자신에게 주어진 울타리 안에서만 모든 것을 생각하고 보고 해결하는 게 아니라 넓은 분야를 검색하고 공부하길 바란다.

과감하게 무엇인가 시도를 해보다 실수하는 편이 더 낫다. 매사에 주의만 하는 것이 능사는 아니다.

작은 일을 할 때도 큰 그림을 그리며 실행하라. 그래야 올바른 방향으로 갈 수 있다.

무엇인가 하나를 굉장히 깊숙이 파고드는 사람은 그 주변에 있는 것들을 간구할 때가 많다. 그래서 자기 분야뿐만 아니라 다양한 분야에 대한 식견을 가지려고 노력한다.

하나만 파고들면 바깥세상에서 어떤 일들이 일어나고 있는지 알지 못한다. 물론 경제학자로서 경제학도 중요하지만 과학이라든지 기술을 공부하지 않는다는 것은 오히려 좋지 않을 수 있다.

교육에 관한 토플러의 조언

왜 모두들 똑같은 나이에 학교에 가야 할까? 어떤 애들은 일찍 갈 수도 있고 늦게 갈 수도 있지 않을까?

21세기에 살고 있는 학생들을 대상으로 19세기 교실에서 20세기 교사가 가르치고 있다.

학생들에게 역사는 가르치면서 왜 미래학 과목은 없는가? 로마의 사회제도나 봉건시대 장원을 탐구하듯이 왜 미래의 가능성과 개연성을 체계적으로 탐구하는 과목은 없는가?

과학소설은 문학이 아니라 일종의 미래사회학이다. 어린이가 어른이 되어 부딪치게 될 정치·사회·심리·윤리적 문제의 정글 속을 상상력을 발휘해 탐험해 보도록 이끌어줄 수 있기 때문이다. 과학소설은

'미래의 나'를 위해 읽어야 한다.

많은 학생들이 밤 11시까지 공부한다고 들었는데 너무나 놀랄 일이다. 꼭 같은 나이에 대학에 집어넣는 식의 교육은 해체되어야 한다.

산업화 시대에 맞춰진 현행 대중교육(mass education)을 일부 수정하는 것만으로는 안 되고 교육은 완전히 새로운 것, '개인화' 한 것으로 바뀌어야 한다.

앞으로의 세계는 지식이 모든 수단을 지배하게 되며, 이에 대비한 후세 교육 없이는 어느 나라든 생존하기 어렵다.

공교육은 '어제의 일꾼'을 만들기 위한 제도다. 공교육 분야의 탈대량화가 필요하다.

디저트만도 수십 가지에 이른다. 모든 게 다양화되는 시대인 만큼 다양화된 교육제도를 적용하면 선진사회에 진입하게 된다.

대량생산 사회에서는 보통 동네에서 가장 교육 수준이 높고 학식 있는 사람이 교사였다. 그러나 오늘날에는 부모들이 자신들의 자녀를 맡기는 교사보다 훨씬 많은 교육을 받았다.

한국경제에 던지는 메시지

한국이 경제성장을 할 수 있었던 것은 바깥 세상에 대한 호기심이 많았기 때문이다.

오늘날 산업과 경제는 빨리 발전하는 데 비해 정치와 규제의 속도는 더딘 '탈동시화'가 이뤄졌다는 점을 간과해서는 안 된다. 현재의 정부는 상명하달(上命下達)식의 관료주의에 빠져 발전하는 속도를 따라가지 못하는 만큼 정부는 관료주의를 타파하고 변화의 속도를 따라잡을 수 있는 혁신적인 새 구조를 만들어야 한다.

정보기술 분야에 관한 한 한국은 지금까지 잘해왔으며 앞으로도 세계 최고 국가들 가운데 하나가 될 것이 틀림없다.

창의적인 '혁신'에서 해답을 찾아야 한다.

혁신을 달성하는 경제체제는 계속 전진해 나갈 수 있다. 그렇지 못하면 낙오된다. 혁신에는 반대 세력이 항상 따른다. 혁신을 제대로 보상하고 격려하는 사회 분위기가 정착돼야 한다.

사회에서 혁신이 제대로 기능하고 대접받으려면 이에 따른 보상이나 격려 등 새로운 시스템 마련이 필요하다. 한국의 경우 사회적 문제들을 활발히 공론화하는 비정부기구(NGO)의 창의적인 인재들을 혁신에 활용하는 것도 좋은 아이디어다.

한국은 이미 선진국이지만 미래에 대한 준비가 소홀하다.

"덩치 큰 중국 옆에서 한국이 위축된다고요? 그럼 이사 가야죠."

한국은 '제3의 물결' 흐름에서 더 이상 벤치마킹할 모델이 없다.

한국은 '빨리빨리'라는 문화를 가지고 있다. 기업이나 신기술에서 신속한 변화를 위한 '빨리빨리'는 유용한 경쟁력이 된다. 속도와 시간이 우리 삶의 가장 중요한 부분임을 잊으면 안 된다.

한국은 지금까지 성공적인 스토리를 가지고 있지만 한 단계 더 점프해야 한다.

세계 금융위기에 대한 견해

전 세계가 월스트리트를 비난하고 있지만 이번 위기의 책임은 미국에만 있는 것이 아니다. 헤지펀드와 주식시장 등 금융시장이 너무 복잡해지고 그에 따라 위기를 극복할 어떤 지도자조차 없는 것이 문제이다.

경제의 일부분인 금융은 중요성이 확대되고 있지만 다른 부분들이 간과되고 있다. 혁신적인 경제의 특징인 아이디어, 지식 등 무형자산에 초점을 맞춰야 한다.

1929년 대공황과 1980~1990년대 불황의 경험에서 오늘날 금융위기의 해법을 찾아서는 안 된다. 역사는 절대 반복되지 않는다.

새로운 틀로 접근해야만 위기를 극복할 수 있다. 과거의 처방전으로 현재의 환자를 치료할 수 없다. 지금의 경제는 과거와는 전혀 다른 시스템으로 움직인다.

사실 언제 위기가 마무리될지는 아무도 모르지만 변화의 속도가 신속해진 만큼 위기도 빨리 움직일 것이다.

현재의 금융위기를 타개하기 위해 '무엇을 해야 하는지' 보다 '무엇을 하지 말아야 할지'에 초점을 둬야 한다.

제1차 세계대전 당시 사회학자들은 관료주의가 정부와 기업의 가장 효율적인 시스템이라고 생각했는데 그건 산업혁명 시대의 이야기이다. 지금은 좀 더 창조적이고 새로운 조직 형태를 창출해 빠르게 변화하는 속도에 적응해야 한다.

근본적인 변화와 혁신을 마음으로 받아들여야 할 때이다. 전통적 제조업이 중심이 됐던 과거와 달리 21세기 지식경제 기반 사회에서는 '새 안경'을 쓰고 세계를 봐야 한다.

문제해결 전망에 대해선 낙관적이다. 미국을 비롯한 각국 정부가 위기의 본질과 상황을 알기 때문에 궁극적으로 해결될 것이며, 최악의 국면을 벗어나는 데만 1년 반에서 2년이 걸릴 것이다.

이번 경제위기로 과거의 전통적 세계는 종결된 셈이다. 경제를 '희소자원의 배분'으로 보는 시각은 한계가 있으며 무한적으로 이용할 수 있는 무형자산과 유형자산이 맺고 있는 연관관계를 제대로 규명할 수 있어야 한다.

기업 경영에 관한 메시지

과거의 성공을 미래의 가장 위험한 요소로 파악해야 한다.

21세기 프로슈머(prosumer, 제품의 개발과 생산과정에 참여하는 적극적 의미의 소비자)가 출현해 사회 곳곳에서 경계가 허물어지는 것에 주목해야 한다. 소비자의 요구가 커질수록 생산자는 이를 반영할 수밖에 없기 때문에 생산자와 소비자 간의 경계가 없어진다. 미래 기업은 이 같은 무경계의 시대에 대비해야 생존이 가능하다. 예를 들어 현금인출기에서 돈을 인출하는 것은 과거 은행원이 하던 업무를 소비자가 대신하는 것이다.

미래 경제는 거대기업 대신 개인이 주도한다.

변화는 단지 생존에 필요한 한 요소가 아니다. 변화하지 않으면 죽는다.

지식이 노동의 가치를 좌우하게 된다. 때문에 작업 시간도 획일적인 시간에 따를 필요가 없다. 기발한 아이디어가 생각나는 시간을 누가 미리 정해놓는가. 한 마디로 자기 시간의 주인이 될 수 있는 세상이 온다.

비즈니스적인 측면에서 앞으로 다가올 대변혁은 다양한 분야에서 엄청난 기회들을 제공할 것이다. 예컨대 하이퍼 농업, 맞춤 건강관리, 나노슈티컬(nanoceuticals), 신개념의 에너지 자원, 능력별 임금 체계, 수자원 공급과 다각화, 새로운 교육 형태, 비살상무기, 전자화폐, 위험 관리, 자신이 감시당하고 있음을 알려주는 사생활 보호 센서를 비롯한 온갖 종류의 센서들, 사물을 보이지 않게 하는 '투명 망토(invisibility cloaks)', 그리고 아직 명확히 정의되지는 않았지만 수백 가지가 넘는 새로운 분야에서 쏟아져 나오는 제품과 서비스와 경험 등이 모두 이에 속한다.

이 모든 것들이 언제쯤 대박을 터트릴지 혹은 실제로 이윤을 창출할 수 있을지 장담할 수는 없지만 기다리기가 지루하진 않을 것이다.

많은 나라에서 우리가 만질 수 없는 것들을 생각해낸다. 구글을 예로 들어보자. 구글의 규모는 엄청나다. 그들은 아이디어와 지식으로 승부하고 있지 물질적인 것을 추구하지 않는다. 지금 현재 경제가 앞으로 나가는 방향이 무엇이냐, 라고 했을 때 무형자산과 유형자산이 경제 안에서 어떻게 상호작용하고 있는지를 살펴봐야 한다.

정치·사회에 관한 메시지

무조건 자신의 신념대로 밀고 나가기보다 한번쯤 돌아보고 스스로에게 질문을 던질 수 있는 유연한 정치지도자가 필요하다.

오바마 대통령 당선 이후 우리는 어려움에 직면한 상황에서 굉장히 훌륭하고 박식 있고 신뢰할 만한 지도자의 시대에 들어섰다고 생각한다. 미국의 국제관계도 과거 부시 정권보다 더 좋아질 것이다.

의회는 10~20년 앞을 내다보고 활동하고 대통령은 50년을 내다보는 정책을 추진해야 한다.

미국 정치인들은 지금 혁명적으로 변하고 있는 경제·사회 시스템의 현실에 맞설 때다. 그것이야말로 진정한 정치적 변화다.

시속 100마일로 달리는 가장 빠른 차가 기업이라면 가장 느려터진 정치조직은 시속 3마일로 움직인다.

모든 분야와 각 분야의 해당 조직에서 관료주의를 깨는 조직적인 변화가 있어야 한다.

사회적 변화와 정치적 조직의 변화를 이끄는 것은 정말 힘든 일이다.

정부라는 것은 수백 년 전에 고안된 것이다. 지식기반사회에 맞게 제도개혁을 가장 먼저 하는 국가가 강대국이 될 수 있다.

지식 기반 경제로의 전환을 통해 과학 기술이 산업화 시대를 뛰어넘는 수준에 도달할지라도 사회 제도가 과거의 공장 굴뚝에 동결된 채로 남아있다면 그 어떤 국가도 성공할 수 없다. 요컨대 국가가 관료제에 입각한 비즈니스와 정부 조직 구조에 집착할수록 지식 경제로 탈바꿈하기가 쉽지 않다.

신문이 위기에 봉착했다는 말은 맞는 것 같다. 원하지도 않는 정보를 무작정 주기 위해 많은 숲을 파괴하고 있다. 종이처럼 가볍고 접을 수 있는 전자신문 기계를 발명하기 위한 연구가 진행 중인데, 앞으로 이런 방향으로 나아갈 거라고 본다.

여성과 남성의 역할이 분명히 구분되던 시대는 끝났다. 물리적인 힘이 아니라 지식을 바탕으로 한 현대 경제에서는 여성들에게 보다 많은 기회가 주어진다.

눈에 보이지 않는 것이 더 중요한 사회가 되고 있다. 수천 년 전 인류는 돈도, 시장도 없이 살았다. 우리가 책에서 배운 경제는 경제의 좁은 일부만 보여줄 뿐이다.

지식경제의 발전으로 남성은 바깥일을 하고 여성은 가사를 돌보는 전통적인 성 역할이 조만간 완전히 사라질 것이다.

부모자식 간이야말로 가장 아마추어적인 관계가 지배하는 곳으로 남아 있다.

관료주의적 사회구조를 수평적 사회구조로 바꿔야 현재의 복잡하고 빠른 경제의 흐름에 대처할 수 있다.

결혼과 가족은 물론 그와 관련된 경제체제에 대한 구시대적인 가정들 또한 와해되고 있다. 예컨대 젊은 여성의 결혼 연령이 점점 높아지고 있을 뿐만 아니라 독신 여성에게 보내는 사회의 따가운 눈총도 줄고 있다. 또한 젊은 부부는 자녀를 적게 낳고 있으며 남성이 육아에 동참하는 경우도 늘고 있는 추세이다.

미래를 예측하는 방법

미래를 지배하는 힘은 읽고 생각하고 소통하는 능력이다.

무엇이 일어날지를 예측하는 것보다 그 일이 언제쯤 일어날지를 말하는 것이 훨씬 어려운 일인 것 같다.

미래의 우리를 먹여 살릴 자산은 건강이다. 그것이 주요 화두가 될 것이다.

지식기반 경제라는 제3의 물결로 인해 한 국가 안에 3가지의 문명이 공존하면서 갈등을 관리하는 것이 점점 더 어려워지고 있다. 우리는 전례 없는 역사의 순간에 살고 있고 여성들도 전혀 다른 도전들에 직면하고 있다. 그 어느 때보다 인류가 여러분의 도움을 절실히 필요로 하고 있다.

우리는 예전과는 다른 경제, 다른 세상에서 살고 있기 때문에 새로운 통찰력을 통해 여러 문제들을 해결해야 한다. 이제 난 새로운 사람들에게 그 문제들을 넘기겠다.

우주가 부의 원천이 될 것이다.

젓가락을 사용하는 민족이 세계를 지배할 것이다.

21세기 문맹은 읽고 쓸 줄 모르는 이들이 아니라 학습할 줄도, 학습한 것을 망각할 줄도, 재학습할 줄도 모르는 이들이다.

미래는 생각보다 빨리 온다. 그것도 예상치 못한 순서로 온다.

사람들이 지식을 관리하는 것이 아니다. 거꾸로 지식이 사람들을 관리한다.

인류 역사상 단 한번도 경험해 본 적 없는 거대한 부의 혁명이 오고 있다! 미래의 부는 어떻게 만들어지고, 누가 그 부를 지배할 것인가? 그것은 우리 모두에게 어떤 영향을 미칠 것인가?

부의 미래를 예측하려면 돈을 벌기 위해 하는 일만이 아니라 우리가 무보수로 행하는 프로슈머 활동도 살펴봐야 한다. 우리가 하루하루 무보수 산출물을 얼마나 많이 만들어내고 있는지를 아는 것만으로도 대부분의 사람들은 충격을 받을 것이다.

앞으로 다가올 시대는 온갖 종류의 놀라운 일들이 벌어질 것이며, 그것들은 결코 이분법적 흑백 논리로는 판단이 불가능할 것이다.

앞으로 프로슈머 경제가 폭발적으로 증가함에 따라 새로운 백만장자들이 수두룩하게 나타날 것이다.

미래의 경제와 사회가 형태를 갖추어 감에 따라 개인과 기업, 조직, 정부 등 우리 모두는 미래 속으로 뛰어드는 가장 격렬하고 급격한 변화에 직면하고 있다. 모든 사항을 고려했을 때, 이것도 한 번 살아볼 가치가 있는 환상적인 순간이다. 미지의 21세기에 들어온 것을 뜨거운 가슴으로 환영한다!

미래의 경제가 그 형체를 드러낼 때 개인은 물론 기업, 조직체, 정부 모두가 하나같이 미래세대로 향하는 대단히 거칠고 빠른 열차에 몸을 맡겨야 할 것이다. 그럼에도 살아있음이 그 어느 때보다 멋진 순간이다.

토플러 용어사전

가격제한폭(restriction of price range)

주식시장에서 일 단위로 허용된 상품거래가격의 최대 변동폭을 의미
한다. 주가의 등락폭이 일정한 수치 이상일 경우 거래를 잠시 중단시
키는 '서킷브레이커(circuit breakers)' 제도를 운영하는 경우가 많은데,
이는 국가마다 상황이 조금씩 다르다. 이 제도는 주식시장의 안정을
꾀한다는 장점은 있지만, 역동적으로 움직이는 주가를 바로 반영하
지 못한다는 단점을 가지고 있다.

관리가격(administered prices)

상품 시장을 지배하고 있는 과점기업(寡占企業)이 시장의 수요와 공급
관계를 떠나 항상 일정한 이윤을 낼 수 있도록 자신들이 결정한 판매
가격을 말한다. 불황으로 인해 수요가 감소하거나 기술의 진보로 인
해 생산 원가가 낮아지는 경우에도 기업 간의 경쟁 가격은 하락하지
않는다. 가격에 의한 시장 조정 기능을 상실하게 만들어 만성적인 코
스트인플레이션을 가져오는 요인 중 하나이다.

구매력(purchasing power)

상품이나 용역을 구매할 수 있는 능력 혹은 구입에 따른 발생 비용만큼의 상품이나 용역의 가치를 말한다.

국민총생산(GNP, Gross National Product)

국민경제가 일정기간(보통 1년)에 생산한 최종 생산물의 시장가격을 평가한 총액이다. 국내, 국외를 막론하고 그 나라 국적을 갖는 국민에 의해 생산된 총가치를 나타낸다. GNP는 그 나라의 경제 규모를 재는 척도가 되며, 최근에는 글로벌 자본의 이동이 활발하여 GNP 대신 GDP(Gross Domestic Product, 국내총생산)를 쓴다. GDP는 GNP에서 해외로부터의 순소득을 뺀 것으로, 어느 한 나라의 순전한 국내 경제활동의 지표로 쓰여진다.

금본위제(gold standard)

일정량의 금을 정해놓고 그에 대해서 화폐단위로 경제가치를 결정하는 것. 금에 의해 모든 화폐가 고정되므로 대표적인 고정환율제도에 해당한다.

기관투자가(institutional investor)

유가증권 투자를 통해 수익을 얻는 법인투자기관으로, 1930년대 이후 미국에서 발달하였다. 주주는 크게 일반투자자와 기관투자가로 나뉜다. 기관투자가에는 보험회사, 은행, 투자신탁회사, 일반 회사 등 다양한 단체들이 모두 포함된다. 기관투자가는 흔히 풍부한 자금력을 바탕으로 움직이기 때문에 주식시장에 커다란 영향을 끼치게 마련이어서, 대부분의 개인투자자들은 이들의 흐름을 예의 주시한다. 이들은 일반적으로 대형주에 투자하여 이익을 노리므로 대형주가 움직일 때는 기관투자가가 나섰다고 보며, 소형주가 움직일 때는 개인투자자가 움직였다고 본다.

넬슨 록펠러(Nelson Rockefeller, 1908~1979)

미국의 정치가이다. 록펠러 3세의 동생으로 다트머스대학교에서 경제, 건축 등을 전공하고, 1931년 록펠러센터 회장, 뉴욕현대미술관장, 라틴아메리카 담당 국무차관보, 보건교육후생 차관 등을 지냈다. 1954년 아이젠하워의 특별보좌관을 역임했으며, 뉴욕 주지사에 당선되기도 했다. 제럴드 포드 정권에서 부통령을 지냈다.

다국적 기업(multinational corporation)

세계 각지에 자회사나 합병회사, 공장 등을 확보하고, 국제적인 규모로 생산 및 판매활동을 수행하는 기업을 말한다. 세계기업(world enterprise)이라고도 한다.

다국적 기업은 단순하게 해외에 지점이나 자회사를 두고 있는 것이 아니라 현지 국적을 취득한 현지 법인이 제조공장 또는 판매조직, 회사를 가지고 있으며, 모회사의 전략에 따라 사업을 수행하지만 기본적으로 현지화 특징을 지닌 기업을 말한다. 다국적 기업의 발달은 선진 제국 사이에 치열한 시장 쟁탈전을 불러왔으며, 그 과정에서 자본의 국제적 집중이 급속하게 진행되었다.

다우존스지수(Dow Jones industrial average)

미국 증권시장의 동향을 나타내는 대표적인 주가지수로, 뉴욕의 증권시장에 상장된 우량 종목 30개를 표본으로 하여 산출한다. 1884년 당시 〈월스트리트 저널Wall Street Journal〉의 편집장이던 찰스 다우가 창안하였다. 다우존스지수는 뉴욕증권거래소, S&P500 등 또 다른 증권시장에서 제각기 내세우는 거래지수들 가운데 가장 높은 공신력을 자랑한다. 하지만 1만 개가 넘는 종목 중에서 30개 종목만을 표본으로 삼고 있어 시장 상황을 제대로 반영하지 못하고 있다는 지적을 받기도 한다.

대공황(great depression)

1929년 10월 24일, 뉴욕주식거래소에서 주가가 대폭락한 것을 시작으로 1930년대 말까지 전 세계적인 경기침체를 불러온 최대의 공황. 제1차 세계대전 이후 미국은 활황으로 보이는 경제 이면에 과잉생산과 높은 실업률이라는 불안 요소를 안고 있었다. 이러한 요소가 한꺼번에 터져 주가 대폭락을 불러왔고, 이것이 경제 각 부문에 연쇄적인 파급 효과를 일으키면서 종국에는 경제 전체를 완전히 마비시키고 말았다. 이러한 경제공황은 유럽으로 번져가 전 세계를 패닉 상태로 몰아갔다. 이후 미국은 루즈벨트 대통령이 부임하면서 뉴딜정책을 실시, 불황을 극복해나갈 수 있었다.

데이비드 리스먼(David Riesman, 1909~2002)

미국의 사회학자이다. 현대 미국사회를 향한 거침없는 비판을 담은 저서《고독한 군중The Lonely Crowd》으로 널리 알려져 있다. 그는 이 책에서 현대 미국인이 '타인지향형'이라고 규정하면서 내면에 불안과 고독을 가지고 있는 이 집단을 '고독한 군중'이라고 정의하였다. 그 밖에 대표작으로는《군중의 얼굴》,《개인주의 재검토》등이 있다.

데탕트(détente)

1970년대 냉전 상태를 지속해오던 미국과 구소련이 화해 무드로 돌아서면서, 양 진영 간에 긴장이 완화되던 분위기와 이에 따른 정책 등을 총칭하는 용어로 쓰인다. 원래는 프랑스어로 '완화', '휴식'을 의미한다. 특히 1972년 미국의 닉슨 대통령이 모스크바와 베이징을 방문하면서 데탕트가 실현되었으며, 1972년 동독과 서독이 국제연합에 함께 가입함으로써 긴장완화와 화해 무드는 더욱 고조되었다. 그러다 1979년 말 소련이 아프가니스탄을 침공하면서 데탕트가 깨지고 미국과 소련 간 긴장이 고조되는 듯하였으나, 1980년 이후 다시 소련이 개방 정책을 펴면서 양 진영 간에는 이른바 '신 데탕트' 양상이 전개되었다.

동(Dong)

베트남의 화폐단위.

동시화(Syncronization)

앨빈 토플러는《부의 미래Revolutionary Wealth》에서 기업이 움직이는 속도만큼 정부, 교육, 법과 제도 등 사회의 각 부문이 같은 속도로 움직일 때 부를 창출하는 새로운 혁명이 가능하다고 설명한다. 또한 그는 지식경제가 요구하는 가속도에 동시화하지 못할 경우 기능장애가 발생하며 선진경제를 위해서는 선진사회 시스템이 필요하다고 지적한다. 이러한 사회제도나 정책 등이 경제발전의 속도를 따라가지 못해 생기는 폐단을 '탈동시화' 또는 '동시화의 실패'라고 한다.

디나르(Dinar)

화폐단위의 하나로, 주로 이라크와 요르단, 쿠웨이트, 유고슬라비아 등지에서 사용된다.

디마케팅(de-marketing)

기업에서 상품을 많이 팔기 위해 마케팅을 하는 것이 아니라, 오히려 판매를 줄임으로써 이익을 도모하는 마케팅 기법. 고객의 구매를 줄인다는 것이 언뜻 보아서는 기업에게 치명적인 마이너스 요소일 것 같지만, 장기적으로 보았을 때는 수요를 최고로 창출함으로써 이익을 극대화시킬 수 있는 요긴한 방법이 된다. 흔히 담뱃갑에 쓰인 '흡연은 폐암 등 각종 질병의 원인이 되며, 특히 임신부와 청소년의 건강에 해롭습니다'라는 문구 또한 디마케팅 기법 가운데 하나로 볼 수 있다. 소비자를 보호하려 한다는 긍정적 이미지를 기업에 심어주어 장기적으로 이익을 얻는 마케팅 방법이다.

디플레이션(deflation)

통화량이 줄어들면서 지속적으로 물가가 하락하는 현상을 의미한다. 디플레이션이 지배적인 경제상황에서는 기업 활동이 급격히 쇠퇴하고 나아가 도산하는 기업이 늘어남에 따라 실업자 수가 현격히 증가한다. 그러나 실제로 디플레이션은 자연적으로 발생하는 것보다 지나친 경기 과열을 막기 위해 국가에서 의도적으로 실시하는 정책의 일환인 경우가 많다. 즉, 인플레이션 현상이 경제 전반에 나타날 경우 대출을 억제하고 금리를 올려 통화의 유통량을 감소시키는 것이다. 이러한 정책이 잘못될 경우 불황으로 이어지는 경우도 있다.

로버트 베스코(Robert Vesco, 1935~2007)

역사상 가장 악명 높은 도망자로 알려져 있다. 그는 원래 미국에서 천문학적인 액수의 수익을 거둔 성공한 투자자로 명성을 날렸으나, 2억 2,000만 달러에 이르는 주식사기 사건의 주범으로 지목되면서 평생 해외를 떠돌아다녀야 했다. 30년이 넘도록 중남미 여러 국가를 돌아다니며 도피자 생활을 하다 1996년 쿠바에서 체포, 수감되었고 2007년 폐암으로 사망하였다.

리브르(livre)

1834년까지 프랑스에서 유통되던 화폐단위이다. 1799년 프랑스가 '프랑'을 공식적인 프랑스의 화폐단위로 확정하면서 80프랑당 81리브르의 비율로 교환해주었다.

마이클 해링턴(Michael Harrington, 1928~1989)

빈곤에 대해 관심을 가졌던 미국의 사회학자이다. 1960년대 초《또 다른 미국*The Other America*》을 통해 빈곤문제를 당면과제로 부상시켰다. 그는 가난한 사람들은 사회의 지배문화와 질적으로 다른 하위문화에서 산다는 이른바 '빈곤문화론(culture of poverty)'을 주장했다. 이런 빈곤문화가 태도, 가치, 행동 등의 차이를 만들어내고, 사회화 과정을 거치면서 세습된다고 설명한다. 그의 주장은 케네디에게도 영향을 미쳐 미국의 빈곤퇴치프로그램을 가져오는 결과를 낳았다.

마지노선(Maginot Line)

제1차 세계대전 후 프랑스가 독일군의 공격을 저지하기 위하여 양국의 국경을 중심으로 독일에 대한 방위선으로서 구축한 대규모의 요새선(要塞線)이다. 당시 프랑스의 육군장관이던 마지노(1877~1932)의 이름을 따서 붙인 명칭이다. 1927년에 구축을 시작하여 1938년에 완성한 대규모 요새선으로 총 길이가 750킬로미터이고, 건설비용만 해도 160억 프랑이 소요되었다. 하지만 이 마지노선은 1940년 5월 독일 기갑병단의 기습으로 제 구실을 하지 못한 채 무너지고 말았다.

멜서스 이론(Malthusianism)

멜서스는 영국의 고전학파 경제학자이다. 그는 일생의 역작 《인구론 *An Essay on the Principle of Population*》에서 "인구는 기하급수적으로 증가하는 반면, 식량은 산술급수적으로 증가한다"며, "인구의 증가로 빈곤과 악덕이 불가피해지므로 인구를 억제해야 한다"고 이야기했는데, 이러한 그의 주장을 일컬어 멜서스주의 혹은 멜서스 이론이라고한다. 인류의 빈곤과 악덕의 근원을 인구증가로 파악한 그의 사상은 이후 산아제한 정책을 통해 출생률을 인위적으로 낮춤으로써 빈곤을해결해야 한다고 주장하는 '신멜서스주의'로 발전하여 그 명맥을 이어가기도 했다.

뮤추얼 펀드(mutual fund)

일종의 법인회사로 주식을 발행하여 투자자를 모집한 다음, 이들이 낸 자본을 운용회사에 맡겨 수익을 내게 되면 이를 투자자들이 배당금 형태로 나눠 갖는다. 즉, 여러 명이 돈을 모아 일정한 규모의 자금을 만들어 펀드 자본금으로 쓰는 형식인데, 투자자는 이 회사의 수익을 받는 동시에 주주가 되기 때문에 회사 운영에 있어 의결권을 가지게 된다. 수익자가 곧 주주가 되는 이러한 형태는 주주의 이익을 중심으로 펀드를 운용하게 되는 장점이 있다.

미국국립과학원(NAS, National Academy of Sciences)

1863년에 세워진 미국의 과학자단체로 준정부기관이다. 종신회원제를 채택하고 있으며, 회원이 되기 위해서는 눈에 띄는 연구 실적이 있어야만 가능하다. 매년 4월 열리는 연례회의에서는 정회원 60명, 외국인 준회원 15명을 선출한다. 주로 정부에서 필요로 하는 과학 기술 문제를 해결하기 위해 연구와 조사, 실험을 병행하는 작업을 진행한다. 수학, 천문, 물리, 기계, 화학, 심리, 지구물리 등 13개 분야를 다루고 있다.

미국자동차노조연맹(UAW, United Automobile, Aerospace and Agricultural Workers of America)

1935년에 설립된 미국의 자동차노동조합이다. AFL-CIO(전국노동자총연맹-산업별노동조합)에 속한 조합 가운데 최대 규모였으나 1968년 탈퇴하여 트럭운송노동조합 등과 함께 ALA(미국노동행동동맹)을 설립하였다. 미국 내 노동계에서 갖는 위상은 물론, 미국경제에 미치는 영향

또한 매우 큰 조직이다.

미래 쇼크(Future Shock)

1970년에 출판된 앨빈 토플러의 대표작으로 미래의 사회를 일시성, 새로움, 다양성이라는 개념으로 서술한 책이다. 이 책에서 앨빈 토플러는 인류가 미래의 충격으로 인해 방향감각을 상실하게 될 것이며, 새로운 문명이 낡은 문명을 무너뜨려 새로운 제도와 가치관의 변화가 일어나고, 그 변화의 속도를 인류가 따라잡기 어려울 것이라고 경고한다. 또한 이런 변화로 인해 인류는 개인과 장소, 개인과 조직, 개인과 개인 간의 관계를 일회성으로 만들어버릴 것이며, 이런 일시적인 속성은 계약으로 이루어지는 '임대인간'을 만들게 될 것이라고 예측한 바 있다.

민족국가(nation-state)

같은 언어를 쓰고 같은 문화를 공유하며 한 핏줄이라는 인식을 가지고 있는 이들로 구성된 공동체국가를 의미하며, 같은 뜻으로 '국민국가'라는 말을 쓰기도 한다. 이는 중세 말기 국가 간 전쟁이 잦아지면서 국민들을 의식적으로 단결시켜 중앙집권화를 달성하기 위해 만들어진 개념이다.

민주주의(democracy)

국가의 주권이 국민에게 있고, 국민이 스스로를 위하여 정치를 수행하는 제도, 또는 그러한 정치를 지향하는 사상을 의미한다. 귀족제나 군주제, 독재체제에 대응하는 것으로 '국민의 지배'를 의미한다. 민주주의는 국민의 참정권과 정당 활동을 기반으로 하며, 구성원의 권리를 보장함을 기본 원칙으로 한다. 출판, 결사, 언론의 자유가 포함되며, 법적 근거 없이 국민을 체포 혹은 구금할 수 없다. 또한 정부는 국민의 복리를 위해 존재하며, 정부에 대한 반대의견을 낼 수 있는 체제를 보장해야 한다. 모든 국민은 독립된 사법제도의 보호를 받아야 하며, 정권 교체가 평화적인 방법으로 이루어져야 한다는 것이 민주주의의 기본 원칙이다.

바트(Baht)

태국의 화폐 단위.

버나드 콘펠드(Bernard Cornfeld, 1927~1995)

당대를 주름잡던 뛰어난 비즈니스맨이자 투자 전문가로, 1969년 IOS(Investors Overseas Services)라는 거대 금융회사를 설립하였다. 그는 한 사람이 40년간 매일 1달러를 뮤추얼펀드에 투자하게 되면 수익금이 25만 달러에 이르게 된다는 계산을 한 것으로 유명한데, 이 방법이 누구나 부자가 될 수 있는 길이라고 주장하였다.

그가 설립한 IOS는 스위스 제네바에 본사를 두었고 전성기 시절 자산 총액이 23억 달러에 이르며 승승장구하였으나, 1970년 유동성 위기를 맞아 파산하고 말았다. 그는 사기 혐의를 받아 11개월의 징역살이를 하기도 했다.

버크민스터 풀러(Buckminster Fuller, 1895~1983)

미국의 건축가 겸 발명가, 엔지니어, 수학자, 작가, 미래학자로 다방

면에서 왕성하게 활동한 인물이다. 그는 고도의 과학기술을 수단으로 인류가 더 나은 삶을 누리도록 하는 것을 인생의 지향점으로 삼았다. 이를 위해 그가 낸 아이디어나 만들어낸 발명품들은 이루 헤아릴 수 없을 정도다. 그는 미국 내 특허만 25개를 가지고 있었고, 28권의 저서, 47개의 명예박사 학위, 수십 개의 건축 및 디자인 상 수상 경력을 가지고 있다. 그의 창조물 가운데 가장 잘 알려진 것이 당시까지 나온 구조물 가운데 가장 가볍고 강하며 저렴한 '측지학 돔(the geodesic dome)'인데, 이는 이후 건축사에 지대한 영향을 미쳤다. 또한 그는 태양광 발전이나 풍력 발전, 조력 발전을 가장 먼저 고안해낸 것으로 알려져 있으며 우리가 흔히 쓰는 '시너지 효과(Synergy)'라는 말을 맨 처음 쓴 사람으로도 유명하다.

변동환율제(floating exchange rate system)

환율을 고정시키지 않은 채 시장 흐름에 따라 변동하도록 하는 제도를 뜻한다. 1971년 이전에는 고정환율제도를 채택했으나, 이후 닉슨 성명이 발표되면서 이 체제는 무너지고 1978년 킹스턴체제가 새롭게 자리잡게 된다. 킹스턴체제는 자국이 고정환율제를 택할지 변동환율제를 고를지 선택한 다음 이를 국제통화기금(IMF)에 보고하도록 하며, 경제가 안정기에 접어들게 되면 회원국 85퍼센트 이상이 찬성할 경우 조정 가능한 고정환율제로 다시 바꿀 수 있게 하고 있다.

불황 또는 불경기(depression)

경제의 활동성이 줄어들어 생산과 소비 모두 줄어들고 침체되는 상태. 경기 주기에 의한 변동 국면의 하나로 일컬어지는 경우와 불특정한 시기에 구조적인 현상으로 나타나는 경우, 두 가지가 있다. 경기침체기인 불황에는 보통 생산 활동이 급격히 둔화되고, 투자가 위축되며, 실업자가 늘어나 소비마저 얼어붙는 등 사회적으로 큰 문제들이 발생한다.

브레튼우즈체제(Bretton Woods System)

1944년 미국의 브레튼우즈에서 체결된 국제 통화 협정으로, 미달러화를 축으로 한 조정이 가능한 고정환율제도를 실시하는 것을 기본 뼈대로 한다. 이 협정을 통해 국제통화기금과 국제부흥개발은행(IBRD)이 만들어졌다. 이후 베트남전쟁이 발발하면서 미국의 국제수지가 적자를 면치 못하자 몇몇 국가들이 미국에 금태환(금의 양에 해당하는 금액만큼 화폐를 발행하고 이 화폐를 언제든지 금으로 교환할 수 있는 것)을 요구했고, 이를 이기지 못한 닉슨 대통령이 금태환 정지선언을 함으로써 이 체제는 붕괴되었다.

빌헬름 뢰프케(Wilhelm Roepke, 1899~1966)

독일의 학자로 독일 유수의 대학에서 경제학과 교수로 일한 자유주의 사상가이다. 그는 일찍이 공산주의와 파시즘의 공통점을 알아차리고 나치즘과 공산주의에 반대했으며, 나치와 공산주의의 몰락 시기를 정확히 예언한 것으로 유명하다. 그는 일방적으로 공산주의의 몰락을 낙관하지만은 않았으며, 자유시장경제의 정당성을 확보하는 데 더욱 노력을 기울여야 한다고 주장했다.

산업사회(industrial society)

기술과 공업이 경제의 중심을 이루게 되면서, 모든 생활양식 또한 이러한 변화에 영향을 받아 이루어진 사회를 말한다. 농경을 중심으로 하던 전통적인 사회를 지나면, 공업이 발달하면서 대량생산체제가 보편적인 사회로 변모하게 되는데, 이러한 사회가 바로 산업사회이다. 산업사회의 대표적인 특징으로는 기계화와 도시화, 관료제의 확산, 소비문화의 팽창을 들 수 있다. 한편 도시로 인구가 집중하는 데 따른 부작용이나 소외계층의 증가 등 산업사회의 역기능 또한 심각한 문제로 부각되고 있다.

서브프라임 모기지론(subprime mortgage loan)

비우량 주택 담보 대출. 신용도가 낮은 저소득층을 대상으로 한 미국의 주택담보대출을 의미한다. 미국에서 주택담보대출은 신용도가 좋은 이들을 대상으로 한 프라임(prime) 등급, 프라임보다는 낮지만 중간 정도의 신용도를 가진 이들을 대상으로 한 알트A(Alternative A) 등급, 신용도가 낮은 이들을 대상으로 한 서브프라임(subprime)의 세 가지로 나뉜다. 보통 서브프라임 등급은 리스크가 크기 때문에 프라임 등급과 견주어 대출금리가 2~4퍼센트 정도 높다.

2000년대 미국 내 부동산 가격이 상승세를 타게 되자 주택담보대출 업체들은 과도한 경쟁에 돌입한다. 이로 인해 주택담보대출 시장에서 서브프라임 등급의 비중이 급상승하게 된다. 그러나 이후 집값이 떨어지고 2004년 금리가 대폭 인상되자 서브프라임 모기지론을 이용한 고객들이 이자와 원리금을 갚지 못하는 사태가 벌어졌다. 서브프라임 연체율은 20퍼센트대로 수직상승했고, 결국 2007년 미국에서 두 번째로 큰 규모의 서브프라임 모기지론 기업인 '뉴 센트리 파이낸셜 (New Century Financial)'이 파산 신청을 내면서 소위 '서브프라임 모기지론 사태'가 발발하였다. 이 사태는 이후 리먼 브라더스(Lehman Brothers Holdings, Inc.)의 파산을 불러오는 등 세계경제를 위기에 빠뜨리는 시발점이 되었다.

세계식량회의(WFC, World Food Conference)

1974년 로마에서 세계의 식량위기 극복을 주제로 130개국, 2,000명의 대표가 로마에 모여 가졌던 회의. 이 회의에서는 국제농업개발기금, 세계식량이사회, 세계식량정보시스템 등 새로운 기구를 설치하는 것은 물론, 증산된 식량을 공평하게 분배하고, 해양자원을 개발하며, 개발도상국이 식량을 증산하도록 선진국들이 원조할 것을 결의하는 행동선언이 채택되었다.

스태그플레이션(stagflation)

불황 속에서 물가상승이 동시에 발생하고 있는 상태를 말한다. 스태그네이션(stagnation)과 인플레이션(inflation)을 합성한 신조어로, 정도가 심한 것을 슬럼프플레이션(slumpflation)이라고 한다. 스태그플레이션의 주요 원인으로는 경기가 정체되어 있을 때 정부의 소비적인 재정 지출이 확대되는 것, 임금의 급상승, 그리고 기업의 관리비가 급격하게 올라가면서 임금 상승이 가격 상승으로 이어지는 것 등을 들 수 있다.

아옌데 정권

1970년 칠레에 들어선 사회주의 정권이다. 선거를 통해 사회당과 공산당 그리고 일부의 부르주아가 연합한 정당인 민중연합(Unidad Popular)의 살바도르 아옌데(Salvador Allende, 1908~1973)가 당선되면서 반미친민중적인 노선을 지향하는 정부가 들어섰다. 당시 칠레는 경제가 파탄에 빠져 있었고, 미국의 경제봉쇄에 직면해 있었다. 아옌데 정권은 이에 대한 해결책으로 자본주의 경제를 평화적으로 사회주의 경제로 전환하고자 했다. 하지만 미국의 닉슨과 키신저는 이를 좌시하지 않았고, 피노체트(Augusto Pinochet)를 은밀하게 지원하여 군사정권을 옹립하기 위한 공작을 펼쳤다. 결국 1973년 피노체트의 군부쿠데타에 저항하던 아옌데가 죽고, 그의 정권도 막을 내렸다.

애덤 스미스(Adam Smith, 1723~1790)

스코틀랜드의 정치경제학자이자 철학자로 경제학의 아버지라 불리며 현대 경제학에 가장 큰 영향을 끼쳤다. 고전경제학의 대표자로서 자본주의의 토대를 세우고 자유무역주의의 기초를 닦은 인물이다. 그가 쓴 《국부론 *The Wealth of Nations*》은 이후 경제학계는 물론 사회 전반에 큰 영향을 미쳤으며 오늘날까지도 각 국가의 정책에 중요한 이론적 토대로 기능하고 있다.

이 책에서 그는 국부를 이룩하기 위한 방법에는 크게 세 가지가 있다고 주장한다. 분업을 활성화하는 것, '보이지 않는 손'을 믿고 자유방임주의에 입각한 경제체제를 세우는 것, 각 국가 간의 이익을 최대화하기 위해 자유무역을 실시하는 것 등이다. 이 책에 담긴 그의 사상은 이후 다윈의 진화론에도 커다란 영향을 미쳤다.

어거스틴 탄(Augustine Tan)

미국 스탠퍼드 대학 경제학과 졸업, 싱가폴 대학 경제학 교수로 재임했으며, 싱가폴 수상의 측근으로 경제정책에 관여했다.

에른스트 슈마허(Ernst Friedrich Schumacher, 1911~1977)

영국의 경제학자로 독일 출신이다. 대학에서 경제학을 전공했으나 경험 없이 이론만으로 학문을 연구하는 풍토에 회의를 느껴, 이후 기업, 언론 등 다양한 분야를 두루 경험하게 된다. 20여 년간 영국 정부에서 경제 관료로 일하며 농업 경영에 지대한 관심을 가지게 된 그는 개발도상국에 적합한 이른바 '중간 기술'을 개발, 보급해야 한다고 주장한다. 그 일환으로 '중간기술개발그룹(the Intermediate Technology Development Group)'이라는 조직을 만들어 활동했다. 이러한 그의 노력은 수많은 외국 정부로부터 인정받아 1974년 대영제국 지도자 훈장을 받기도 했다. 대표작으로는 《작은 것이 아름답다Small is beautiful》가 있다.

에코스패즘(eco-spasm)

'경제(economy)'와 '경련(spasm)'의 합성어로 발작적 경제위기를 말한다. 이는 고도로 공업이 발달한 국가 경제의 경우 전쟁이나 혁명 등이 발발하게 되면 연쇄 반응이 일어나 전 세계적인 경제위기를 불러올 수 있음을 뜻하는 말이다.

역외 펀드(offshore fund)

기업이나 금융회사가 유가증권을 팔아 차익을 얻는 것에 대해 과세를 하지 않는 곳, 혹은 이에 대한 규제가 느슨한 곳에 설립하는 펀드로 1968년 처음 생겨났다. 보통 세금이나 규제를 피하기 위해 조세회피지역 등에 설립하는데, 버뮤다제도나 바하마, 캐나다 등 태평양과 대서양의 크고 작은 섬들이 주요 설립 지역이다. 이들 지역은 규제가 적을뿐더러 세금이 거의 없는 수준이다. 그러나 역외펀드를 이용해 주가를 조작한다거나 외자유치 사실이 허위로 판명되는 등 부작용도 따르고 있어 이를 우려하는 목소리도 높은 실정이다.

연기금펀드(pension fund)

고객이 맡긴 돈으로 투자를 하여 그 이익금을 추후 연금처럼 나누어 지급하는 펀드이다. 주로 퇴직자들이 노후를 생각하며 맡긴 자금이 대부분이기 때문에 연기금은 리스크를 최대한 줄인 안전한 투자를 가장 중요한 목표로 삼는다.

연방예금보험공사(Federal Deposit Insurance Corporation)

1933년 9월에 설립된 미국의 예금보험기관. 1950년 연방예금보험법에 의해 연방기관이 되었다. 이곳에서는 예금자에 대한 지불과 폐쇄 금융기관을 관리하고, 파산한 은행을 재건하며, 새로운 은행을 설립하는 등의 업무를 수행한다.

연방준비은행(Federal Reserve Bank)

미국의 중앙은행. 미국 상업은행의 준비금을 관리하고 지폐를 발권하는 은행으로서 정부의 재무대리기관이다. 연방준비은행법에 따라 창립되었으며 이사회와 산하 연방준비은행, 연방공개시장위원회, 연방자문회의, 소비자자문회의로 구성되어 있으며 수천 개 은행이 회원으로 가입되어 있다. 전국 규모 은행들은 의무적으로 회원이 되어야 하며, 주 단위 은행들은 요건이 맞아야 회원이 될 수 있다.

오슨 웰스(Orson Welles, 1916~1985)

미국의 영화감독으로 영화사상 가장 위대한 영화로 꼽히는 걸작 〈시민 케인Citizen Kane〉이 그의 대표작이다. 이 영화는 미국 언론계를 주무르는 큰손 '케인'의 일대기를 수많은 사람들이 증언하는 내용으로, 순수했던 인간이 점차 타락해가는 과정을 밀도 있게 그리고 있다. 내용은 물론, 한 화면에 초점이 맞는 거리를 최대한 늘리는 '딥포커스' 기법이 최초로 쓰이는 등 획기적인 연출로 영화사상 최고의 영화라는 찬사를 받고 있다. 그는 이 작품에서 케인 역을 맡아 직접 열연을 펼치기도 했다. 그러나 비평가들의 호평에도 불구하고 이 영화는 흥행에 실패했으며, 이후 그는 할리우드를 떠나 유럽에서 20여 년간 활동하였다.

오일머니(oil money)

일반적으로 석유의 생산과 거래로 인해 창출되어 누적되거나 움직이는 자금을 말한다. 협의의 의미로는 (1) OPEC이 석유수출로 얻은 수입, 석유수입으로 인한 소득세 및 정부가 직접 판매한 원유대금의 총계, (2) OPEC의 잉여자금으로서 OPEC 산유국의 경상수지 흑자 총계, (3) OPEC의 외화 준비 등을 의미한다. 원유 거래의 대부분이 미국 달러화로 이루어지기 때문에 오일달러라고도 한다.

와이어드(Wired)

http://www.wired.com. 온라인 뉴스 사이트 가운데 하나로, 주로 IT 기술 분야의 뉴스를 다룬다. 1990년대 '와이어드 매거진'으로부터 분리되었다.

유로달러(eurodollar)

미국이 아닌 기타 국가의 상업은행에 예치된 미국달러를 뜻한다. 유로달러시장의 주 무대는 유럽이며, 이는 1950년대 냉전 시절, 동유럽 은행들이 미국달러를 대거 미국에서 유럽으로 옮기면서 생겨났다. 유로달러는 무역금융과 외환거래를 활성화하고 국제유동성을 증가시키는 데 커다란 기여를 하고 있다.

인플레이션(inflation)

통화량이 급격히 늘어나 화폐가치가 떨어지고, 물가가 지속적으로 상승하는 경제 현상. 인플레이션이 일어나면 사람들의 실질소득은 감소하게 된다. 이전에는 인플레이션을 단순히 '통화팽창'이라고 여겼으나, 최근에는 물가상승을 기준으로 이를 규정하고 있다.

이때 물가란 각 상품의 가격을 평균하여 산출한 '물가지수(price index)'로 측정한다.

전국노동자총연맹 – 산업별노동조합(AFL–CIO)

미국 최대의 노동자 조직으로 1955년 미국의 2대 노동조합인 미국노동총연맹(AFL, American Federation of Labor)과 미국산업별노동조합회의(Congress of Industrial)가 합동하여 결성한 미국의 전국적 노동조합 조직이다. 숙련근로자를 중심으로 1920년대에 조직된 직업별 노동조합의 형태를 띠고 있던 AFL과 1930년대에 세워진 산업별 노동조합을 표방하던 CIO가 오랜 반목을 딛고 결합하여 세운 조직이다. 노동협약의 체결을 통한 노동 조건 개선, 고용의 통제를 목적으로 하며, 직능별 노동자들의 권익을 보호하고 노동조건의 개선 등에 목소리를 내고 있다.

제2차 세계대전(Second World War)

미국, 영국, 프랑스, 소련, 중국의 연합국과 독일, 이탈리아 일본의 동맹국(同盟國) 간에 벌어진 일련의 반(反) 파시즘 전쟁이다. 1930년 9월 1일 독일이 폴란드에 침입하자 이에 영국과 프랑스가 폴란드를 지원하면서 시작되었다. 1941년 영국이 항복하지 않는 것이 소련의 원조 때문이라고 판단한 독일이 소련에 침공하면서 독일과 소련 간에 전쟁이 이어졌다. 독일은 스탈린그라드 전투에서 대패하면서 전세가 꺾였다. 태평양전쟁의 발발을 거쳐 1945년 8월 15일 일본이 항복하면서 전쟁의 종지부를 찍었다. 이 전쟁의 결과로 미국과 소련 간의 냉전 체제가 구축되었다.

제3의 물결(The Third Wave)

앨빈 토플러가 자신의 1980년작 《제3물결 *The Third Wave*》에서 처음 사용한 용어. 그는 농경기술을 발견한 '제1의 물결', 산업혁명을 통해 기술혁신을 이룬 '제2의 물결'을 지나 과학기술의 발달로 맞이하게 되는 인류의 세 번째 대변화를 '제3의 물결'이라 지칭하였다. 지식혁명을 기반으로 하는 '제3의 물결'은 정보화사회로서 탈대량화, 다양화,

지식기반 생산 등을 특징으로 한다.

제4차 중동전쟁(Yom Kippur War)

1973년 10월 6일부터 10월 26일까지 벌어졌던 이스라엘과 아랍연합군 간의 전쟁으로 욤키푸르전쟁이라고도 한다. 이스라엘과 아랍의 갈등은 역사적, 정치적 요인이 복잡하게 얽혀 있다. 즉 조상의 땅인 가나안으로 돌아가고자 하는 시오니즘을 가진 이스라엘과 자신들의 터전이자 아랍의 성지를 지키기 위한 팔레스타인 간의 갈등이 1차적 원인이라고 할 수 있다.

이 4차 전쟁은 세 차례의 전투 후 전력을 강화하고 있던 이집트가 이스라엘의 종교 축제인 욤키푸르의 날, 기습적인 선제공격을 가하며 시작되었다. 이 전쟁 중에 아랍석유수출국기구(OAPEC)가 석유의 생산 제한과 금수조치를 취하면서 전 세계가 심각한 석유위기, 즉 제1차 오일쇼크를 겪게 되었고, 각국 경제는 막대한 타격을 입었다.

제럴드 포드(Gerald Ford, 1913~2006)

미국의 제38대 대통령. 1973년 스피로 애그뉴(Spiro Agnew)가 부통령을 사임함에 따라 리처드 닉슨에 의해 지명되었고, 미국 하원에 의해 승인되어 부통령으로 선출되었다. 1974년 8월 9일 닉슨이 사임하면서 대통령직을 승계하여, 미국 역사상 유일하게 선거 과정 없이 재임한 대통령으로 기록되고 있다. 진보적인 흑인정책과 정직한 정치 등을 표방하며 인기를 얻었다. 하지만 베트남 전쟁 이후 파탄 상황에 이른 미국 경제가 최악의 인플레이션을 겪으며, 이에 대한 억제정책이 실패하고 장기적인 스태그플레이션이 지속되면서 지지율이 하락하였다.

존 케네스 갤브레이스(John Kenneth Galbraith, 1908~2006)

미국의 경제학자로 캐나다 출신이다. 케인즈주의자로 분류되는 그는 20세기 중반 미국의 자유주의와 진보주의를 아우른 인물이다. 그는 일찍이 "시장경제가 중요하다는 사실은 안다. 그러나 시장경제는 인간욕망의 법칙에 따른 행동에 의한 사회균형모델이다. 때문에 이런 자유시장에서는 교육, 쓰레기처리, 환경보전, 환자 및 신체장애자, 노인들의 문제가 해결될 수 없다. 그러므로 시장경제를 규제하고 정부의 힘으로 강력한 사회보장제도를 실현해야 한다"고 설파했다. 그는 경제학은 물론 역사나 사회학에도 두루 박식하였으며, 글을 쉽게 잘 써서 대중에게 가장 가까운 경제학자로도 알려져 있다. 대표작으로는 《미국의 자본주의*American Capitalism*》, 《대공황*The Great Crash, 1929*》, 《불확실성의 시대*The Age of Uncertainty*》 등이 있다.

창조적 회계(creative accounting)

회계기준이 모호한 것을 이용하여 기술적으로 기준을 교묘하게 적용, 보고서를 조작하는 것을 의미한다.

초인플레이션(hyperinflation)

물가 상승이 경제학적인 통제를 벗어나 수백 퍼센트의 인플레이션율을 기록하는 상황을 의미한다. 초인플레이션의 원인은 지속적인 경기불황 혹은 전쟁 등으로 인해 재화와 서비스의 희소성이 커지면서 가격이 상승하고, 정부에서 이를 통제하지 못하고 화폐 발행을 계속할 경우 화폐가치가 급격하게 떨어지는 현상이다. 1930년대 독일이 제1차 세계대전 이후 배상금 문제 등의 해결을 위해 화폐를 대량 발

행하면서 초인플레이션이 일어났고, 짐바브웨에서 200만 퍼센트가
넘는 인플레이션을 겪은 것 등이 대표적인 예이다.

치펜데일(Chippendale, 1718~1779)

18세기 영국 궁중 가구 장인(디자이너)이다. 그의 가구는 경쾌하고도
견고한 것이 특색이며 곡선을 많이 사용했다. 영국의 로코코 양식이
포르투갈, 스페인, 이탈리아, 네덜란드 등에 전파되는 데 영향을 미
쳤으며, 이를 통해 '치펜데일'은 하나의 양식을 지칭하는 명칭이 되
었다. 치펜데일 스타일은 영국 왕의 이름이 아닌 디자이너의 이름을
딴 최초의 양식명이다.

카르텔(cartel)

일종의 기업연합. 1870년대 자본주의 경제체제 하에서 기업 간 경쟁
이 심화되자 비슷한 업계의 기업들끼리 함께 이익을 쟁취하고자 협
정을 맺고 결합하는 일이 생겨났다. 일반적으로는 개별 기업들이 자
발적으로 결성하는 편이지만, 경우에 따라 국가에서 강제적으로 카
르텔을 만드는 일도 있다. 카르텔이 경쟁을 완화시켜 비효율화를 초
래하는 등 폐해가 적지 않다는 목소리가 커짐에 따라 각 나라들은 이
를 금지 또는 규제하고 있다.

케네스 보울딩(Kenneth Boulding, 1910~1993)

영국의 경제학자이자 정치학자, 교육자, 평화운동가이다. '일반 체계
이론(General System Theory)'의 창시자이자 현재 진행 중인 경제학, 사회
학 분야의 방대한 연구들의 이론적 토대를 세운 인물이다.

케인즈식 이론

존 메이나드 케인즈(John Maynard Keynes, 1883~1946)는 영국의 경제학자로 정부 정책을 통해 유효수요를 늘려야 한다고 주장하는 이른바 '케인즈식 이론'을 창시하였다. 그는 애덤 스미스의 자유방임주의로 대표되는 고전경제학의 기본 테제, 즉 '보이지 않는 손'으로 대변되는 경제의 자기완결성을 부정한다. 특히 작은 정부를 주장했던 고전경제학자들을 비판하면서 정부의 역할을 중시하였는데, 이러한 그의 주장은 이후 경제학계에 커다란 영향을 미쳤다.

이후 1929년 세계 대공황이 발생하자 이러한 그의 주장은 더욱 큰 힘을 얻어 국가가 직접 유효수요를 조절하는 정책을 통해 대량실업과 불황을 극복해야 한다고 주장하는 일군의 '케인지언'들을 양산하기에 이른다. 오늘날에도 그의 주장을 추종하는 이들이 상당히 많으며, 케인즈식 이론은 경제학계의 주요 흐름으로 인정받고 있다.

타인지향성(other-directedness)

데이비드 리스먼의 저서 《고독한 군중》에 등장한 용어. 대량 소비가 일반화된 20세기 미국을 비판하면서, 현대인의 성격유형 가운데 하나로 제시한 것이다. 스스로를 믿지 못하고 무기력함과 불안감을 이기지 못해 자신의 주관적인 생각을 갖기보다 끊임없이 타인의 생각에 동조하는 유형으로, 이들의 특징으로는 대량 소비를 한다는 점을 꼽는다. 리스먼은 이러한 유형이 미국의 중산층 이상에서 시작하여 점점 확대되고 있다고 주장한다.

패닉(panic)

생명이나 생활에 중대한 해를 가져올 것으로 예측되는 위험을 회피하기 위해서 일어나는 집합적인 도주현상(逃走現狀)이다. 다른 집합적 돌발 행동양태인 데먼스트레이션(demonstration)이나 폭동이 공격적이고 집중화하는 경향을 보이는 반면, 패닉은 도피적이고 산발적인 특징을 보인다. 대규모의 화재, 갑작스러운 공습으로 인한 수습하기 어려운 대혼란 등을 예로 들 수 있다. 흔히 경제공황기에 양산되는 혼란도 패닉현상으로 설명한다.

퍼스트 내셔널 시티뱅크(FNCB)

1955년 내셔널 시티은행과 뉴욕 퍼스트 내셔널 은행의 합병으로 탄생하였다. 내셔널 시티은행은 1812년 창업한 시티은행(CityBank)이 1865년 사명을 개명하면서 설립되었으며, 윌리엄 록펠러가 지속적으로 투자하면서 1893년 미국 내 1위 은행으로 올라섰고, 스탠더드 뱅크로 불리었다. 1909년에는 모건 상회가 대주주가 되어 1912년 JP모건 주니어가 이사로 취임하였다. 한편 퍼스트 내셔널 은행은 1863년 창업한 이래 1912년까지 은행장과 회장을 역임한 조지 베이커가 이끌었다. 그는 '월스트리트의 스핑크스'로 불리었는데, 월스트리트의 거물인 모건, 스틸먼, 그리고 로스차일드계 대은행가인 제이콥 헨리 시프 등과 두터운 인맥을 유지하고 있었다.

이 두 회사가 1955년 합병하면서 뉴욕 퍼스트 내셔널 시티은행이 되었고, 1976년 현재의 시티은행이 되었다. 명칭 역시 시티은행(City Bank)에서 시티뱅크(Citibank)로 바뀌었다. 즉 이 회사는 세계의 3대 금융 재벌인 로스차일드, 록펠러, 모건의 합작품이며, 1961년 최초로 양도성예

금증서(CD)를 발행하는 등 금융사에 굵직한 획을 그었다.

포트폴리오(portfolio)

보통은 자신의 커리어를 증명할 수 있는 작품이나 관련 자료를 모아
놓은 수집첩을 의미하나, 최근에는 주식 용어로 많이 쓰인다. 즉, 리
스크를 최소화하기 위해 투자 대상을 다양화하여 분산 투자하는 것
을 일컫는다.

폴 새뮤얼슨(Paul Anthony Samuelson, 1915~)

미국의 경제학자로, 1970년 역사상 두 번째로 수여한 노벨경제학상
을 미국인 최초로 수상하였다. 그는 다양한 수학적 기법을 경제이론
에 성공적으로 도입, 발전시킨 것으로 유명하다. 거시적인 케인즈 이
론, 미시적인 고전 이론을 통합한 신고전파 경제학자로 분류된다. 미
국 경제학협회 및 계량경제학회 회장을 역임했으며, 케네디 대통령
의 경제통으로 활동했다. 대표작으로는 《경제분석의 기초*Foundations
of Economic Analysis*》가 있다.

프랭클린 내셔널 은행(Franklin National Bank)

뉴욕의 롱아일랜드에 있었던 프랭클린 스퀘어 은행이 그 전신으로,
한때 미국 내 20위권 은행이었다. 1974년 불분명한 이유로 파산했는
데, 이 파산의 배후에는 미켈레 신도나라고 하는 마피아 은행업자가
연루된 것으로 알려져 있다. 프랭클린 내셔널의 파산은 그때까지 있
었던 은행 파산 가운데 가장 큰 규모로 알려져 있다.

피아스터(Piaster)

화폐단위의 하나로, 주로 이집트와 터키, 시리아, 레바논 등지에서 사용된다.

헤르베르트 마르쿠제(Herbert Marcuse, 1898~1979)

미국의 철학자로 독일 출신이다. 1930년 호르크하이머가 프랑크푸르트 대학에 설립한 사회연구소에 아도르노, 벤야민, 에리히 프롬 등과 함께 참여하면서 일명 '프랑크푸르트 학파'를 이끌었다. 프랑크푸르트 학파는 마르크스주의를 계승하면서도 프로이트의 정신분석학과 미국 사회학을 결합하여 사회 비판 이론을 발전시켰다. 마르쿠제는 대표작 《일차원적 인간One-dimensional man》을 통해 현대의 인간들이 고도로 산업화된 사회로 인해 비판적인 이성을 상실하고 소외되는 것을 가리켜 '일차원적 인간'이라 표현하였는데, 이러한 그의 사상은 이후 신좌익운동의 정신적 토대가 되었다.

헤이즐 헨더슨(Hazel Henderson, 1933~)

영국의 대표적인 대안경제학자. 미래학자, 칼럼니스트, TV 프로듀서로도 일하는 등 다방면에서 활발하게 활동하고 있다. 월드워치 연구소를 필두로 여러 단체에서 활동했으며, 환경문제와 사회문제에 특히 많은 관심을 가지고 있어서 관련 문제와 경제학을 접목하여 문제를 제기하는 등 새로운 연구를 지속하고 있다. 대표작으로는 《그린 이코노미Ethical Market》가 있으며 그 밖에도 《세계화를 넘어서Beyond Globalization》, 《진보의 패러다임Paradigms in Progress》 등이 있다.

헨리 키신저(Henry Kissinger, 1923~)

미국의 정치학자이자 외교관이다. 독일 퓌르프 출신으로 나치의 유대인 학살을 피해 1938년 미국으로 건너갔다. 1969년 닉슨 행정부 출범 이후 대통령 안보담당 보좌관에 임명되었으며, 국가안전보장회의 사무국장과 국무장관을 역임했다.

안보문제 전문가로 닉슨과 포드 행정부에서 영향력을 행사하며 중국, 소련, 베트남, 중동 등지에서 외교적 성공을 거두었다. 미국과 소련 간의 긴장완화 정책을 추진하여 1969년 전략무기제한협정(SALT)을 성사시켰다. 1972년에는 미국과 중국의 관계를 개선시켰는데, 이것은 중국 공산당이 정권을 잡은 이래 중국에 대한 미국 최초의 공식 접촉이었다.

회사채(corporate bonds)

사채(社債)라고도 한다. 주식회사가 자금을 조달하기 위해 일반인을 대상으로 비교적 장기의 채권인 유가증권을 발행하여 부담하는 채무를 말한다. 균일한 금액으로 분할된 유통증권이 발행되는데, 이 증권만 가지고 있으면 누구라도 권리행사를 할 수 있도록 법적인 제도가 마련되어 있어서 주식과 더불어 증권시장에서 활발히 매매된다. 유한회사는 발행할 수 없으며, 채권 발행형식에 의한 것이기 때문에 차용증서나 어음에 의한 차입금과는 다르다.

후생경제학(welfare economics)

경제정책의 목표가 사회 전체의 경제적 후생의 극대화에 있다는 대전제하에 경제적 후생의 개념 및 이의 극대화 조건을 연구하는 경제학 분야이다. 후생경제학의 기초를 세운 것은 영국의 경제학자 피구(Arthur Cecil Pigou)이다. 그는 경제적 후생의 수준을 높이기 위한 국민소득의 증대와 균형 및 안정을 위한 구제방법을 중시했다. 물질적 행복과 정신적 행복은 상관관계가 있다는 주장을 폈으며, 경제적 진보보다 안정을 중시하였다. 또한 생산력의 증대보다 분배의 공정을 경제정책의 목표로 삼아야 한다고 주장하였다.

히에로니무스 보쉬(Hieronymus Bosch, 1450~1516)

네덜란드의 대표적인 화가로, 주로 종교적인 상징이 많이 담긴 그림을 그렸다. 일찍이 볼 수 없었던 기괴한 도상을 통해 초현실주의의 선구적인 화가로 평가받는다. 특히 그가 그린 지옥도는 중세의 신앙관과 근대적인 사상을 동시에 잘 드러내고 있는데, 그만의 기묘한 형상들로 그로테스크한 분위기를 표현하고 있다. 주요 작품으로는 〈쾌락의 정원〉, 〈건초수레〉, 〈동방박사의 경배〉가 있다.

감수 현대경제연구원

1986년 현대그룹의 싱크탱크로 출범한 우리나라의 대표적인 민간 경제연구소이다. 경제 및 산업 분석, 기업 경영전략 연구, 경영 컨설팅, 인재육성을 위한 교육·훈련 서비스 등을 통해 경영의 선진화는 물론 사회 발전 방향을 제시하고 있다. 「한국경제주평」, 「VIP 리포트」, 「통일경제」, 「지식경제」 등 다양한 정기간행물을 발간하고 있다.

옮긴이 김원호

서강대학교 공과대학을 졸업하고, 고려대학교 경영대학원에서 석사학위를 받았다. 삼성물산 상사부문에서 근무했으며, 현재는 전문 번역가 겸 저술가로 활동하고 있다. 역서로는 「도널드 트럼프, 억만장자 마인드」, 「퓨처 파일」, 「비저닝」, 「코카콜라의 진실」 외 다수가 있다. 저서로는 「리치커플, 포트폴리오 하다」가 있다.

앨빈 토플러 **불황을 넘어서**

1판 1쇄 인쇄 2009년 2월 5일
1판 1쇄 발행 2009년 2월 7일

지은이 앨빈 토플러, 하이디 토플러
감 수 현대경제연구원
옮긴이 김원호
발행인 고영수
발행처 청림출판
등록 제406-2006-00060호
주소 135-816 서울시 강남구 논현동 63
        413-756 경기도 파주시 교하읍 문발리 파주출판도시 518-6 청림아트스페이스
전화 02)546-4341   **팩스** 02)546-8053

www.chungrim.com
cr1@chungrim.com

ISBN 978-89-352-0773-2 03320